Kathrin Leinweber

High-Performance: Erfolg ist, was du aus dir machst

Mit simplen Hacks zur persönlichen Bestleistung

2., erweiterte Auflage

Kathrin Leinweber
Bad Homburg, Deutschland

ISBN 978-3-658-40051-4   ISBN 978-3-658-40052-1 (eBook)
https://doi.org/10.1007/978-3-658-40052-1

Die Deutsche Nationalbibliothek verzeichnet diese Publikation in der Deutschen Nationalbibliografie; detaillierte bibliografische Daten sind im Internet über http://dnb.d-nb.de abrufbar.

© Springer Fachmedien Wiesbaden GmbH, ein Teil von Springer Nature 2021, 2023
Das Werk einschließlich aller seiner Teile ist urheberrechtlich geschützt. Jede Verwertung, die nicht ausdrücklich vom Urheberrechtsgesetz zugelassen ist, bedarf der vorherigen Zustimmung des Verlags. Das gilt insbesondere für Vervielfältigungen, Bearbeitungen, Übersetzungen, Mikroverfilmungen und die Einspeicherung und Verarbeitung in elektronischen Systemen.
Die Wiedergabe von allgemein beschreibenden Bezeichnungen, Marken, Unternehmensnamen etc. in diesem Werk bedeutet nicht, dass diese frei durch jedermann benutzt werden dürfen. Die Berechtigung zur Benutzung unterliegt, auch ohne gesonderten Hinweis hierzu, den Regeln des Markenrechts. Die Rechte des jeweiligen Zeicheninhabers sind zu beachten.
Der Verlag, die Autoren und die Herausgeber gehen davon aus, dass die Angaben und Informationen in diesem Werk zum Zeitpunkt der Veröffentlichung vollständig und korrekt sind. Weder der Verlag, noch die Autoren oder die Herausgeber übernehmen, ausdrücklich oder implizit, Gewähr für den Inhalt des Werkes, etwaige Fehler oder Äußerungen. Der Verlag bleibt im Hinblick auf geografische Zuordnungen und Gebietsbezeichnungen in veröffentlichten Karten und Institutionsadressen neutral.

Einbandabbildung: deblik unter Verwendung von Motiven von ©Назарій | stock.adobe.com;
©HN Works | stock.adobe.com

Planung/Lektorat: Imke Sander
Springer ist ein Imprint der eingetragenen Gesellschaft Springer Fachmedien Wiesbaden GmbH und ist ein Teil von Springer Nature.
Die Anschrift der Gesellschaft ist: Abraham-Lincoln-Str. 46, 65189 Wiesbaden, Germany

Mit Leichtigkeit zur Spitzenleistung!

Kennst du Menschen, die schonungslos ehrlich sind? Ich muss gestehen, ich gehöre dazu. Ich bin nichts für schwache Nerven. Wenn du mir eine Frage stellst, bekommst du jederzeit eine ehrliche Antwort. Manchmal ist mein Mund schneller als mein Gehirn und in diesen Momenten würde ich mir gern auf die Zunge beißen. Oft ist es dann aber schon zu spät. Was für den einen Fluch, ist für den anderen Segen, es hängt ganz davon ab, wer mir eine Frage stellt und ob ihm die Antwort gefällt. Vielleicht könntest du jetzt sagen ‚Ich habe nichts gefragt', aber du hast dieses Buch gekauft, entweder spontan, intuitiv oder neugierig, verknüpft mit der Frage: **Was, bitteschön, sind High- Performance Hacks?**

In diesem Fall wird dich meine Antwort überraschen, vielleicht sogar verblüffen: Es dreht sich nicht um Hackfleisch, gemischtes Hack oder gar Hackbällchen **Es geht um einfache Tricks und Kniffe, mit denen du das Allerbeste aus dir herausholen kannst, ohne dir dabei ein Bein ausreißen zu müssen.** Denn in diesem Buch räume ich mit dem Irrglauben auf, dass Höchstleitung immer anstrengend sein muss. Warum schwierig, wenn es auch einfach gehen kann?!

Doch mal unter uns: Für viele ist das Wort High-Performance ein englischsprachiges Fremdwort. Da ist das Wort Leistung drin. Das klingt höchstanstrengend nach Schweißperlen auf der Stirn. Die wenigsten Menschen mögen jedoch Anstrengung. Hast du Lust auf anstrengende Gespräche, komplizierte Nachbarn oder gar nervenaufreibende Aufgaben? Ich würde die Frage mit einem schonungslosen „Nein" beantworten.

Wir leben in einer Zeit, in der die Welt gefühlt den Bach runtergeht, in der Krisennachrichten täglich einen traurigen Rekord brechen. **Die meisten Menschen sind erschöpft, ihre Nerven wurden über Gebühr strapaziert und ihr Kaffee ist stärker als ihre Motivation.** Viele haben im Alltag unter diesen herausfordernden Bedingungen keine Kraft mehr, Spitzenleistung zu vollbringen. Einige von uns versuchen einfach, den Laden am Laufen zu halten und fühlen sich dennoch abgehängt. Denn in unserer Leistungsgesellschaft wird jeden Tag in allen Lebensbereichen viel von uns gefordert, ganz gleich, wie die Umstände auch sein mögen.

Deshalb ist es nicht verwunderlich, dass die wenigsten Menschen Lust haben, eine Doktorarbeit zu schreiben, einen Ultramarathon zu laufen oder den Mount Everest zu besteigen. **Die meisten von uns wollen es gern einfach haben und holen sich lieber Seitenstechen vom vielen Rumdrehen auf dem Sofa. Sie stolpern nicht gern über Berge, sondern lieber über Maulwurfshügel.** Viele Menschen lieben ihre Komfortzone. Sie bleiben unter ihrem Potenzial und sind gefangen im Durchschnitt und im Mittelmaß. Sie geben sich mit drei Sternen zufrieden, anstatt nach fünf Sternen zu greifen. Sie nehmen den Trostpreis, obwohl sie den Hauptgewinn haben könnten.

Ertappt? Empört? Vielleicht spürst du in diesem Moment den starken Impuls, das Buch zuzuklappen, bevor du selbst ins Schwitzen gerätst. Doch Aufgeben kannst du bei der Post. Stellen wir uns viel lieber mal die Frage: **Was wäre denn, wenn es einfach für dich wäre, Höchstleistung zu vollbringen? Wenn du dir kein Bein ausreißen musst und trotzdem jeden Tag das Allerbeste aus dir herausholen könntest? Wenn du mit Leichtigkeit und Freude Bestleitung erreichst, ohne dabei aus der Puste zu geraten?** Vielleicht denkst du: Das klingt nach Kuchen essen, ohne dick zu werden. Doch auch dabei wissen wir mittlerweile, dass alles eine Frage der Perspektive ist und jedes Pfund extra nur unschöne Falten glattzieht.

Die gute Nachricht für dich lautet also: Beim Thema High-Performance geht es nicht darum, immer mehr zu leisten und dabei gar auszubrennen. Doch was verbirgt sich wirklich hinter dem Begriff? **Für einige Menschen geht es sicherlich darum, der nächste High Flyer zu werden, von 0 auf 100 zu kommen und auf dem Siegerpodest ganz oben zu stehen.** Für viele Menschen geht es in schwierigen Zeiten jedoch vielmehr darum, von 0 auf 1 zu kommen, mit Leichtigkeit ihr Leistungsniveau zu verbessern oder aus dem Tal des Leistungstiefs erst einmal herauszukommen. Und ich bin mir ganz sicher: Das kannst du auch! Also runter vom Sofa und los geht's!

Denn eins ist glasklar: High-Performance zahlt sich in jedem Fall aus. **Menschen, die Spitzenleistung vollbringen, haben oft außergewöhnlichen Erfolg.** Ganz sicher hast du das auch schon erlebt: Du hast dich mit allen Sinnen eingebracht, du hast alles gegeben und durftest erfolgreich die Früchte deiner Arbeit ernten. Höchstleistung und Erfolg gehen Hand in Hand. Sie haben jedoch Ähnlichkeit mit einem Lottospiel. Man braucht dafür die richtige Kombination an Zahlen, um zu gewinnen. Doch wie sieht diese Kombination aus? Gewiss ist: **Du musst nicht in der genetischen Lotterie der guten Eigenschaften gewonnen haben, um deine Höchstleistung herauszufordern und erfolgreich zu sein. Erfolg ist, was du aus dir machst.**

High-Performance folgt einfachen Regeln, Strategien und Verhaltensweisen. Höchstleistung ist damit planbar und mit Leichtigkeit umzusetzen! Wir müssen dabei das Rad nicht neu erfinden. **Nachahmen zahlt sich aus:** Stell dir mal vor, du reist nach Tonga, dem Inselstaat im Pazifik. Warum Tonga? Der Staat gilt als eines der unbekanntesten Länder der Welt mit vielen kulturellen Besonderheiten. Du hattest keine Zeit, dich auf diese Reise vorzubereiten. Du sprichst die Tongaische Landessprache nicht. Dein Englisch reicht gerade für eine Bestellung im Fastfood-Restaurant. Du hast keine Ahnung, welche Gepflogenheiten in diesem Land herrschen. Die exotische Kultur ist dir völlig fremd. Du weißt nicht, wie du von A nach B kommen solltest. Würdest du dir selbst eine Lösung ausdenken oder einfach das Verhalten der einheimischen Tongaer kopieren? Die Antwort liegt klar auf der Hand. Wir würden genau das machen, was das Inselvolk tun würde. Nachahmen war in der Evolution des Menschen ein einfaches Erfolgsrezept.

Warum nutzen wir nicht unsere evolutorischen Fähigkeiten und schauen uns an, was erfolgreiche Menschen gemacht haben, um das Allerbeste aus sich herauszuholen? **Dass Erfolgsgurus andere Strategien haben als 99 % aller anderen Menschen, ist kein Geheimnis.** Sie gehören zu den Top-Performern und fordern täglich ihre Bestleistung heraus. Haben sie Superkräfte, von denen einige Menschen nur träumen können? Wohl kaum! Sie haben gewisse Routinen und Strategien etabliert, die ihnen geholfen haben, auf dem Siegerpodest ganz oben zu stehen. Und unter uns: Auch diese Menschen mögen es einfach. **Doch welche Strategien sind es nun, die erfolgversprechend sind? Und wie kann man diese simpel im eigenen Leben umsetzen?**

Ich bin mir sicher, die schonungslosen Antworten auf diese Fragen werden dir gefallen: **In diesem Buch werden die wichtigsten High-Performance-Strategien auf den Punkt gebracht.** In der Theorie kann vieles einfach sein, aber wie sieht's denn im realen Leben aus? Genau diese Frage habe ich mir auch gestellt und aus diesem Grund Menschen, die zu **Deutschlands führenden Unternehmern, Professoren, Sterneköchen, Politikern, Künstlern, Weltmeistern, Piloten und Top-Models zählen,** interviewt. Einen Ausschnitt aus den Interviews findest du jeweils am Ende des Kapitels jedes Interviewgasts als Video. Diese High-Performer verraten dir ihren Erfolgscode. Sie geben Einblicke in ihre ganz persönlichen Tools, Taktiken und Erfolgsgeheimnisse.

Wenn wir jedoch erst eine Spagat machen müssen oder eine Pirouette drehen dürfen, bevor wir etwas umsetzen können, fangen wir gar nicht erst an. Damit du nicht in diese Falle tappst und die High Performance Strategien und Taktiken möglichst einfach umsetzen kannst, findest du am Ende dieses Buches **die 10 besten Hacks, mit denen du jeden Tag mit Leichtigkeit das Allerbeste aus dir herausholen kannst.** Such dir das für dich Passende heraus, setz es mit Freude um und lass mich gern wissen, wie es für dich funktioniert hat. Du wirst sehen, Spitzenleistung kann einfach sein, und **mit diesen Hacks bekommst du einfach Lust auf High-Performance.** Worauf wartest du noch? Leg los!

Noch mehr geniale Hacks, mit denen du schnell zum High-Performer wirst, findest du in meinem Podcast 99 % Hack. Folge gern dem Link https://kathrinleinweber.de/#podcast oder scanne den folgenden QR-Code.

Das Salz in der Suppe – danke!

Das Schönste, was im Leben passieren kann, sind Menschen, die einem Wind unter den Flügeln geben. Ich danke von Herzen meiner wunderbaren Familie, die mich und meine Launen während der Arbeit an diesem Buch ertragen und mir jederzeit den Rücken freigehalten hat. Ich bin dankbar für die wertschätzende Rückmeldung meiner Freunde – ganz gleich, ob aus dem Sauerland, den wunderschönen bayrischen Bergen, dem sonnigen San Diego, dem vibrierenden New York oder dem fernen Jakarta – die an mich geglaubt und den Text dieses Buches gelesen und korrigiert haben. Ein großer Dank geht an die wunderbaren Menschen aus meiner Mastermind-Gruppe, die mich nicht nur in diesem Projekt mental unterstützten und natürlich an die beste Lektorin der Welt.

Ich bin dankbar für alle Optimisten und Positiv-Denkern, die mich bestärkt haben weiterzumachen auch wenn eine völlige leere Seite vor mir lag und meine Fingerspitzen den Dienst an der Tastatur verweigerten. Und natürlich danke ich all den inspirierenden Interviewgästen, die mir ihre Zeit geschenkt und all ihre Erfolgsgeheimnisse preisgegeben haben. Es war mir eine große Ehre! Ohne Euch wäre das Buch nicht das, was es ist. Ihr seid wunderbar! Von Herzen, danke.

Inhaltsverzeichnis

1	Lust auf High-Performance? Mit diesen Strategien und Hacks geht's einfach!	1
2	Wie aus einem Zeitsoldaten einer der erfolgreichsten Multiunternehmer wurde: Interview mit Calvin Hollywood	17
3	Die Ärztin für Lebenskraft – Mit ihrem Geheimnis gewöhnt man sich das Altern ab: Interview mit Dr. Harsha Gramminger	35
4	Werde der Star deines Lebens – Vom Paradiesvogel zum Newcomer-Künstler aus „The Voice of Germany": Interview mit Manuel Lojo	51
5	Schönheit mit Persönlichkeit – So tickt Miss Germany 2021: Interview mit Anja Kallenbach	67

6	Von einer der jüngsten Start-up-Unternehmerinnen Deutschlands zum Investorenmagnet: Interview mit Lena Jüngst	81
7	Auf dem Erfolgstreppchen ganz oben – Der Weltmeister im Zeitfahren mit internationalen Elitesiegen: Interview mit Tony Martin	95
8	Der Griff nach den Sternen – Das Erfolgsrezept der jüngsten Sterneköchin Deutschlands: Interview mit Julia Komp	111
9	Der neue Shooting Star – Vom jüngsten direkt gewählten Abgeordneten im Hessischen Landtag mit Tourette: Interview mit Bijan Kaffenberger	123
10	Sein Herz brennt – Der Pionier der deutschen Skateboard-Szene auf junger Mission: Interview mit Titus Dittmann	141
11	Gekürt als eine der wichtigsten jungen Wissenschaftlerinnen Deutschlands – Die Universitäts-Professorin für nachhaltiges Wirtschaften: Interview mit Laura Maria Edinger-Schons	161
12	Bis zu den Sternen: Das Abenteuer Weltall mit Kampfflugzeugpilotin und Ingenieurin Nicola Winter	177
13	Die Top 10 Hacks für Bestleistung und Erfolg	195

Über die Autorin

Kathrin Leinweber berät als Coach Unternehmer und Menschen, die ihre Höchstleitung herausfordern wollen, um langfristig erfolgreich zu sein. Die charismatische High-Performance-Expertin weiß, mit welchen Routinen und Strategien persönliche Bestleistung erreichbar ist. Sie hat mehrere internationale Ausbildungen erfolgreich abgeschlossen, unter anderem in den USA bei den Koryphäen Brendon Burchard, dem weltweit bekanntesten High-Performance Coach, und Dr. Bradley Nelson, dem weltweit führenden Experten auf dem Gebiet der Energiepsychologie.

Kathrin Leinweber ist Gastgeberin des Podcasts 99 % Hack und inspiriert ihre Zuhörer, die erfolgversprechenden Taktiken großer Weltklasse-Performer und Erfolgsgurus selbst umzusetzen. Als studierte Diplom-Kauffrau ist die Autorin seit mehr als 17 Jahren in der Investmentbranche tätig. Durch ihre langjährige Berufserfahrung gelingt es ihr mit Herz und Verstand, ihre Expertise in ihren Webinaren, Trainings und Onlinekursen sehr praxisorientiert in die Wirtschaft zu tragen.

Als Speakerin ist die Powerfrau eine Quelle der Energie und Euphorie, die auf der Bühne mit Leichtigkeit, Charme, Professionalität und spielerischem Wortwitz die Herzen ihres Publikums erobert. Kathrin Leinweber wurde bereits mit verschiedenen Awards u. a. dem Excellence Award für die beste Bühnen-Performance bei internationalen Speaker Slams ausgezeichnet.

Die Autorin spendet die Einnahmen des Buches der Deutschen Kinderkrebshilfe und unterstützt von Herzen gern ihre Mission.

Mehr zu Kathrin Leinwebers provokanten Thesen, einfallsreichen Hacks sowie spannende Interviews, Videos und private Einblicke in ihren Alltag findet man auf den sozialen Medien (Instagram, Facebook, LinkedIn, Xing und YouTube), auf denen sie zu einem persönlichen Austausch einlädt.

Über die Autorin XVII

1

Lust auf High-Performance? Mit diesen Strategien und Hacks geht's einfach!

In diesem Kapitel findest du eine Auswahl der wichtigsten High-Performance-Strategien,[1] die dir helfen können, deine Leistung zu beflügeln und tagtäglich mehr aus dir herauszuholen. Und das Beste daran ist: Hinter jeder Strategie findest du einen einfachen Hack, mit dem du diese im Handumdrehen in deinem Leben umsetzen kannst.

Eine Checkliste über alle hier vorgestellten High-Performance-Tugenden erhältst du zum kostenlosen Download auf meiner Website (https://kathrinleinweber.de/). Scanne dafür den folgenden QR-Code.

---

[1] In Anlehnung an Burchard (2020). Brendon Burchard ist der weltweit bekannteste High Performance Coach und ein Mentor von mir, bei dem ich u. a. das High Performance Master's Programm erfolgreich absolvieren durfte.

© Springer Fachmedien Wiesbaden GmbH, ein Teil von Springer Nature 2023
K. Leinweber, *High-Performance: Erfolg ist, was du aus dir machst*,
https://doi.org/10.1007/978-3-658-40052-1_1

High-Performance-Tugend: Klarheit

Menschen, die jeden Tag das Allerbeste aus sich herausholen und eine Top-Performance zeigen, besitzen Klarheit: Sie wissen sehr genau, wo sie hinmöchten und wie ihr Ziel aussieht. Ohne Ziel ist es unmöglich, irgendwo anzukommen oder anders gesagt:

> » „Wenn du kein Ziel hast, ist es so, als ob ein Jäger in den Wald schießt und hofft, dass die Kugeln die Wildsau treffen!"

Menschen, die Klarheit besitzen, haben eine große Vision und halten daran fest. Dabei ist ihre Vorstellungskraft grenzenlos. Sie legen enorm große Ziele fest, die für andere schier unerreichbar erscheinen. Sie werfen täglich den Speer, der ihr Ziel markieren soll, möglichst weit hinaus, um dann schnurstracks dorthin zu laufen. Dabei halten sie ihren Fokus und visualisieren ihre Ziele facettenreich in den buntesten Farben. Sie lernen stetig neue Dinge dazu, um sich kontinuierlich zu verbessern.

Ein wunderbarer Weltklasseperformer, der die High-Performance-Tugend Klarheit besitzt, ist Elon Musk. Er ist in vielen Bereichen ein Pionier, der große Ziele hat. Der Selfmade-Milliardär hatte z. B. die Vision einer Raumfähre, die aus dem Weltall wieder zurück zur Erde kehren kann. Sie sollte nicht nur Nasa-Astronaut(inn)en, sondern auch Privatpersonen auf einen Weltraumflug zum Mond oder Mars mitnehmen. Elon Musk setzte alles daran, dieses Ziel mit seinem Raumfahrt-Unternehmen Space X zu erreichen. Rückschläge gehören natürlich auch bei High-Performern wie ihm dazu. Doch er schaffte es, erstmals vier Weltraumtouristen ins All zu bringen und seine Vision erfolgreich umzusetzen. Vielleicht buchst du vorsichtshalber jetzt schon einmal dein Ticket für deinen ersten Marsausflug?

#Hack Klarheit: Lege dir Ziele fest und habe eine Vision
Um Klarheit in dein Leben zu bringen, stell dir gern selbst einmal die Fragen: Hast du eine Vision? Hast du Ziele, die du in den unterschiedlichen Lebensbereichen (Familie, Liebe, Finanzen, Karriere, Gesundheit, Hobby, Mission, Spiritualität etc.) verfolgst? Was möchtest du in den nächsten Wochen, Monaten, Jahren erreichen? Was möchtest du in deinem Leben gern ändern? Wie würde dein Leben idealtypisch aussehen?

> » „Denk dir nicht schon vorher alles kaputt."

Mit einem klaren Ziel und einer Vision oder einem Traum, der in die Tat umgesetzt werden will, bist du täglich bereit, alles zu geben, um diesem Ziel einen Schritt näher zu kommen. Und damit erhöht sich deine Leistungsbereitschaft. Wenn ich meine großen Visionen am Jahresanfang auf mein Battle Board schreibe, gibt es mindestens drei zweifelnde Teufelchen auf meiner linken Schulter, die schallend lachen und meine Pläne am liebsten genüsslich auffressen würden. Doch dann rufen mir die drei Performance-Engel von der rechten Schulter zu: Glaub an dich und mähe nicht schon den Rasen, obwohl das Gras noch nicht einmal gewachsen ist! Wenn du weißt, wo du hinwillst, findest du den Weg mit deinem inneren Kompass von selbst.

High-Performance-Tugend: Antreiber

Menschen, die tagtäglich ihre Bestleistung herausfordern, können sich jederzeit selbst motivieren und kennen ihre Antreiber. Sie wissen, wofür sie angetreten sind und aus welchem Grund sie ein Ziel erreichen wollen.

Kennst du das Bild vom Löwenzahn und von der Orchidee? Der Löwenzahn ist eine robuste Pflanze, die auch auf dem härtesten Beton wächst, wohingegen die Orchidee bei der kleinsten Umweltveränderung mickrig eingeht. Die meisten von uns sind mehr Orchidee als Löwenzahn. Denn wenn's schwierig wird, gibt ein Großteil der Menschen auf. Was können wir aber tun, um weiterzumachen, auch wenn's schwierig ist? Wie können wir unsere Höchstleistung beflügeln, auch wenn wir nicht täglich von der Muse geküsst werden? Wie können wir mehr Löwenzahn als Orchidee sein?

Erfolgsgurus zeigen auch unter widrigen Umständen Höchstleistung. Sie finden immer einen Weg und bleiben vor allem dran, auch wenn sich Hürden auftun. Sie haben einen inneren Motor, der sie antreibt und kennen ihr „Warum". High-Performer wissen, wofür sie angetreten sind und aus welchem Grund sie ein Ziel erreichen wollen. Deshalb können sie motiviert voranschreiten, auch wenn sich Hindernisse in den Weg stellen.

» „Top-Performer finden immer einen Weg, auch wenn es ein Nadelöhr ist, durch das sie hindurchmüssen."

Ein sehr witziger Weltklasseperformer, der einen Antreiber für seine großartige Hollywood-Karriere sehr erfolgreich zu wissen nutzte, ist Jim Carrey. Der Schauspieler und Komiker hatte zu Beginn seiner Karriere eine Idee: Er stellte sich einen Scheck über zehn Millionen US-Dollar aus, den er als Schauspieler mit nur einem Film verdienen wollte. Diesen Scheck behielt er mehrere Jahre in seinem Portemonnaie.

Er setzte alles daran, sein Ziel zu erreichen. Wenn Jim Carrey Antrieb brauchte, um motiviert weiterzumachen, zog er den Scheck aus seinem Portemonnaie und schaute auf die achtstellige Zahl. Was meinst du: Wie viel Geld verdiente er schätzungsweise Jahre später mit seinem Film „Dumm und Dümmer"? Vielleicht war die Zahl nicht achtstellig, aber es waren immerhin beträchtliche 7 Mio. US-Dollar!

#Hack Antreiber: Kenne dein „Warum"
Oft tun wir Dinge, weil wir sie schon immer so getan haben. Wir arbeiten in einem Job, weil wir das einmal gelernt oder studiert haben. Wir leben mit einem Partner, weil wir ihn einmal geheiratet haben. Wir nehmen jeden Tag denselben Weg, weil wir ihn kennen. Oft hinterfragen wir nicht, warum wir etwas tun und schon gar nicht, ob diese Sache unserer Leidenschaft entspricht oder unser Herz aufgeregt hüpfen lässt.

Doch damit ist ab heute Schluss! Hinterfrage, was du tust und vor allem warum du es tust! Was lässt dich morgens freudig aus dem Bett springen? Wann schlägt dein Herz höher, und was ist es, was dich von innen heraus motiviert?

Wenn du es schaffst, deine Motivation auch in schwierigen Zeiten aufrecht zu erhalten, wird es dir auch unter widrigen Umständen gelingen, das Allerbeste aus dir herauszuholen. Und damit wirst du mehr Löwenzahn als Orchidee.

> „Der Löwenzahn ist vielleicht nicht die schönste Pflanze. Er schafft es aber, sich unter widrigsten Bedingungen erfolgreich zu vermehren."

High-Performance-Tugend: Kraft und Energie

Menschen, die täglich viel leisten, besitzen viel Energie. Sie setzen ihre Kräfte so ein, dass ihr Handeln zum gewünschten Ergebnis führt. Es wäre auch schwierig, allein mit einem Ziel vor Augen ausdauernd etwas erreichen zu wollen, ohne über genügend Kraft zu verfügen.

> „In uns schlummern bärenstarke Kräfte, wir müssen uns nur darauf besinnen und sie täglich zum Leben erwecken."

Dabei bist du nicht nur eine Kraftquelle für dich, sondern auch für die Menschen in deinem Umfeld. Viele High-Performer sorgen für eine gute Ernährung, für ein kraftvolles Mindset, für ausreichend Bewegung und qualitativ guten Schlaf.

Wenn ich dafür gemacht wäre, munter aus dem Bett zu springen, würde ich im Toaster schlafen. Deshalb komme ich jeden Morgen mit einem Workout in Schwung. Mein Credo: Hula-Hoop am Morgen vertreibt Kummer und Sorgen. Im Laufe des Tages schwinge ich auch bei Telefonkonferenzen ohne Videoübertragung gern die Hüften mit dem Hula-Hoop. Und das sorgt nicht nur für Kraft und Energie, sondern auch für einen flachen, sexy Bauch.

Eine Weltklasse-Performerin, die sich ausgiebig um ihre Kraft und Energie kümmert, ist Arianna Huffington, die ehemalige Chefredakteurin und Mitbegründerin der Huffington Post. Arianna hat eine ganz individuelle Morgenroutine. Diese besteht aus Meditation, Workout und Yoga: „I do 20 to 30 minutes of meditation before my workout routine. Thirty minutes on my stationary bike on days when I'm home and 5 to 10 minutes of yoga stretches." Sie entscheidet sich für morgendliches Fasten und verschiebt ihr Frühstück auf eine spätere Tageszeit: „I love breakfast foods at lunch or dinner." (My Morning Routine 2012–2021)

#Hack Kraft und Energie: Zünde die Energiebombe
Du darfst deine Selbstfürsorge gern verdreifachen. Du bist dabei nicht nur eine Kraftquelle für dich, sondern auch für dein Umfeld.

> » „Denn wenn das i nicht steht, kann der Punkt nicht drauf"

Stell dir gern kritisch die Fragen: Bekommst du ausreichend Schlaf? Ernährst du dich gut? Sorgst du für tägliche Bewegung? Wie hoch ist der Konsum von Genussmitteln?

Bring deine Energie und Kraft aufs nächste Level. Sorge gut für dich. Lasse Erschöpfungszustände gar nicht erst aufkommen. Wenn du kraftvoll bist, haut dich so schnell nichts um und du kannst auch in Zeiten, die anspruchsvoll sind, Bestleistung erreichen. Ich glaube daran, dass auch in dir bärenstarke Kräfte schlummern!

High-Performance-Tugend: Produktivität

Auch Produktivität und Umsetzungsstärke zählen zu den Eigenschaften, die High-Performer auszeichnen. Sie arbeiten täglich an Themen, die für ihre Zielerreichung essenziell sind, um ihren Träumen und Visionen näher zu kommen. Erfolgreiche Menschen planen ihren Tag und überlassen dabei nichts der Muse oder dem Zufall. Sie verbinden jede Aktivität mit einer Absicht. Sie bringen sich mit allen Sinnen vollständig ein.

> „Top-Performer vermeiden Ablenkung und halten den Fokus. Dafür lohnt es sich, manchmal auch mit Scheuklappen durch die Welt zu laufen."

Zu den Weltklasse-Performern, die sehr umsetzungsstark und produktiv sind, gehört Arnold Schwarzenegger. Dass ein schmächtiger kleiner Junge aus Österreich irgendwann einmal Gouverneur des Staates Kalifornien werden würde, sprengt jede Vorstellungskraft. Als Arnold anfänglich nach Amerika kam, hat man ihm mit dem schwer auszusprechenden Nachnamen wenig Erfolgschancen eingeräumt. Aber er hat es allen gezeigt. Er hat sogar im Winter in eiskalt Krafträumen trainiert, in denen er sich Handtücher um die Finger wickeln musste, damit die Haut nicht an den Metallstangen festfror. (Schwarzenegger 2021) Er arbeitete so hart und produktiv, dass er nicht nur mehrfach Mister Olympia und Mister Universum, sondern auch Terminator und „Governator" wurde. Denn er hatte ein Motto, das da lautet: „Work your ass off."

#Hack Produktivität: Sei produktiv und halte den Fokus
Ganz im Gegensatz zum Motto – „Es genügt nicht, keinen Plan zu haben, man muss auch unfähig sein, ihn umzusetzen" – wirst du produktiver, wenn du deine Tagesziele und deren Umsetzung planst. Welche Ziele kannst du heute ein Stück weiter vorantreiben? Wann soll was erledigt sein?

Blocke dir dazu am besten feste Zeiten in deinem Kalender, in denen du dich ungestört um deine Aufgaben kümmern kannst. Versuche, unnötige Ablenkung zu vermeiden, indem du z. B. eine Pause vom Smartphone und von den sozialen Medien einlegst. Weil mir das schwerfällt, stelle ich mir oft die Frage:

> „Kein Handy. Kein Social Media. Würde ich es zwei Monate lang schaffen, wenn ich eine Million Euro dafür bekommen würde?"

Natürlich ist die Frage hypothetisch, denn ich habe bisher niemanden gefunden, der mir dafür eine Million Euro zahlen würde. Aber was glaubst du, wie sich meine Motivation erhöht, einen Tag lang ablenkungsfrei durchzuhalten, wenn mein Verstand vorher noch glaubte, es zwei Monate schaffen zu müssen!

Komm ins Tun und versuche, die Dinge umsetzungsstark und produktiv in die Tat umzusetzen. Der erste Schritt kostet uns oft 80 % unserer Energie. Es geht deshalb für viele von uns gar nicht darum, von 0 auf 100, sondern erst einmal von 0 auf 1 zu kommen! Wenn du zudem Ablenkung vermeidest, die an jeder Ecke lauert und dich verführt, den Fokus zu verlieren, wirst du tagtäglich das Allerbeste aus dir herausholen und deine Leistung aufs nächste Level heben. Auch du schaffst das mit Leichtigkeit!

High-Performance-Tugend: Emotionale Stabilität

Beim Thema High-Performance geht es nicht nur um Produktivität, Fokus, Disziplin, Motivation und Umsetzungsstärke. **Es geht auch um Engagement, Lebensfreude, Vertrauen und die volle Bandbreite an positiven Gefühlen, die High-Performer tagtäglich generieren können, um das Allerbeste aus sich herauszuholen.** High-Performer übernehmen Verantwortung für ihre Emotionen – ganz gleich, ob das Ängste, Zweifel oder Sorgen sind. Sie grenzen sich gegenüber der

Negativität ihrer Mitmenschen ab und schaffen es, sich jederzeit in ein gutes Gefühl zu versetzen. Sie haben Freude an ihrem Tun.

> „Angst hat eine ähnliche Wirkung wie Schlangengift."

Ein High-Performer und Spitzensportler, der sich seinen Ängsten stellte, ist Wladimir Klitschko. Der ehemalige Boxer und Weltmeister im Schwergewicht stand während seiner Profi-Karriere 69 Mal im Ring und kletterte 64 Mal als Sieger durch die Seile. Seine Angst hat ihm im Boxring geholfen: „Ich vergleiche Angst immer mit dem Gift einer Kobra. Wenn du eine zu große Dosis davon bekommst, bist du tot. Eine richtig dosierte Menge kann einen Menschen aber auch heilen, einen Kranken gesund machen. Es ist immer die Frage, wie du mit dem Gift umgehst. Genauso ist es mit der Angst." (Meinhardt 2014)

#Hack Emotionale Stabilität: Mach die guten Gefühle zu deinen besten Freunden
Welche Dinge hast du bisher aus Angst vermieden? Wo spürst du Sorgen, Nöte und Emotionen, die dich belasten? Lass dich nicht von diesen Gefühlen lähmen. Stell dich deinen negativen Emotionen. Oft gehen wir in den Widerstand und wollen sie nicht spüren. Wir tendieren dazu, die negativen Dinge stärker zu gewichten als die Positiven. Ich mache gern einen Realitätscheck und frage mich in diesen Momenten: Was ist das Schlimmste, was passieren kann? Und kann ich mit völliger Sicherheit sagen, dass das wirklich passiert? Oft ist es wahrscheinlich, dass die Dinge, die wir vorhersehen, gar nicht so gravierend

eintreten bzw. dass wir immer die Möglichkeit haben, alles noch in positive Bahnen zu lenken. Versuche, die guten Gefühle wie Vertrauen und Zuversicht wieder zur Gewohnheit zu machen.

> » „Vertrauen ist die stärkste und produktivste Emotion, die dich ins Tun kommen lässt."

Wenn du Vertrauen in dich, deine Fähigkeiten und deine Ideen hast, dann hebst du deine Performance aufs nächste Level. Frag dich ehrlich: Vertraust du dir?

High-Performance-Tugend: Mut

Wer von uns kennt nicht das Sprichwort: Übermut tut selten gut. Der Unterschied zwischen Mut und Übermut ist einfach zu erkennen:

> » „Mutig ist es, in Badehose ins Theater zu gehen. Übermut wäre es, die Badehose an der Garderobe abzugeben."

Viele von uns brauchen in der heutigen Zeit Mut: Mut, um ihre Ziele und Träume zu erreichen. Mut, um vielleicht aus der Menge hervorzustechen und etwas anderes zu tun, als all die Anderen. Viele von uns brauchen Mut, um ihre Angst zu überwinden und all die Herausforderungen zu meistern, die sich ihnen auf ihrem Weg stellen.

Menschen, die Spitzenleistung vollbringen, denken anders, handeln anders und haben den Mut, allein dazustehen. Sie haben den Mut, auch mal gegen den Strom zu schwimmen. Sie sind mutig genug, die Stimme zu erheben, obwohl sie nicht wissen, wer zuhört. Sie haben Mut, nein zu sagen, obwohl jeder ein Ja von ihnen erwartet. Sie haben den Mut, unbeirrt den eigenen Weg zu gehen, auch wenn sie ein Nein nach dem anderen bekommen. Oft inspirieren sie damit die Menschen in ihrem Umfeld, für sich einzustehen und das Richtige zu tun.

Ein Weltklasse-Performer, der Mut verkörpert, ist Mahatma Gandhi. Manche nennen ihn Bapu, den Vater Indiens und der Unabhängigkeit. Andere auch Mahatma, die große Seele, weil er sich mit ganzer Seele für sein Land einsetzte. Mahatma Gandhi, der Freiheitskämpfer, wollte die Welt verändern und Indien von der Kolonialmacht Großbritannien befreien. Er landete mehrfach im Gefängnis. Kaum wieder in Freiheit, kämpfte er weiter für Frieden und Unabhängigkeit. Manchmal hungerte er wochenlang, um seine Ziele zu erreichen. Und so sagte er: „It's easy to stand with the crowd. It takes courage to stand alone." (Kapoor 2017, S. 23)

Wenn du weißt, welches positive Ergebnis dein Handeln trägt, ist es oft einfacher, den ersten mutigen Schritt zu wagen. Bist du mutig, wenn du einfach mal etwas völlig Neues wie Cheeseburger-Eis ausprobierst? Dann könntest du mit einer Geschmacksexplosion im Mund verwöhnt werden. Oder bist du mutig, wenn du bei deinem Partner endlich ein Thema ansprichst, was dir am Herzen liegt? Dann wirst du vielleicht damit belohnt, dass sich diese Sache zum Guten wenden könnte. Oder verteidigst du gerade mutig einen Standpunkt, der dir wichtig ist? Manchmal bräuchte man die Eigenschaft eines Honig-Dachses. Warum?

» „Der Honigdachs ist ein Schleckmaul und wird zum mutigsten Tier der Welt, wenn es darum geht, seine Nahrung zu verteidigen."

#Hack Mut: Mut tut gut
Jetzt ist es Zeit für einen Mutausbruch! Du musst nicht mutig auf die Welt gekommen sein, denn Mut ist wie jede andere Fähigkeit erlernbar. Es ist vergleichbar mit einem Muskel, der mit jedem Training wächst. Mut bedeutet nicht, dass du die Welt retten musst. Schau vielmehr, was es Mutiges in deinem Leben zu tun gibt bzw. welchen mutigen Schritt du morgen wagen könntest. Damit begibst du dich oft auf Neuland und erhöhst den Anreiz, das Allerbeste aus dir herauszuholen. Natürlich strauchle ich auch ab und an und drücke mich erfolgreich davor, die nächsten mutigen Taten zu wagen. In diesen Momenten versuche ich meine persönliche Kamikaze-Version:

> » „Ich nehme die Zehen aus dem viel zu kalten Wasser und springe komplett rein."

High-Performance-Tugend: Einfluss

Influencer sind heutzutage in aller Munde: Eine Million Follower auf Instagram, 500.000 Klicks auf YouTube, 3500 Likes für einen Post. Aber **worum geht es beim Thema Einfluss wirklich** und wie kann ich damit das Allerbeste aus mir herausholen?

Um erfolgreich ihr Ziel zu erreichen, nehmen Menschen, die Spitzenleistung vollbringen, Einfluss. Das Geheimnis liegt darin, respektvoll Einfluss auszuüben, konstruktiv für eigene Ideen einzustehen und Mitmenschen zu inspirieren, zu überzeugen und zu mobilisieren. Es geht dabei in keiner Weise um Macht oder Manipulation.

> » „Es geht nicht darum zu kokettieren oder sich gar mit falschen Federn zu schmücken, damit andere beeindruckt sind. Es geht

vielmehr darum, ein großartiges Vorbild zu sein und mit eigenen Ideen voranzugehen, die alle nach vorne bringen."

Ein High-Performer, der diese Tugend exzellent antrainiert hat, ist Barack Obama. Charismatisch und charmant, kraftvoll und pathetisch, Barack Obama ist ein Mensch, der als ehemaliger Präsident der Vereinigten Staaten in seiner Amtszeit großen Einfluss ausübte. Sein Schlüssel zur erfolgreichen Einflussnahme lag in der Kommunikation. Obama ist ein begnadeter Redner und zieht dabei alle Register: Er sucht den Blickkontakt mit dem Publikum, setzt effektvolle Pausen. Er kann nonchalant wirken und im nächsten Moment staatsmännisch. Er setzt den ganzen Körper ein, um präsidial zu überzeugen, und schafft es mit Worten wie diesen, das Wohlwollen seines Publikums zu erreichen: „Ich muss gestehen, das deutsche Volk hat in meinem Herzen einen ganz besonderen Platz". (Handelsblatt 2016)

#Hack Einfluss: Geh mit gutem Vorbild voran und begeistere deine Mitmenschen
Wann hast du das letzte Mal bewusst einen deiner Mitmenschen für eine wichtige Sache gewonnen? Wenn du selbst für etwas brennst, schaffst du es auch, deine Idee vorzustellen und andere dafür zu begeistern. Wieso nicht als Vorbild mal wieder die Schönheit zeigen, die in dir steckt? Selbstverständlich kannst du verschiedene Kommunikationsmittel einsetzen, um Wirkung zu erzielen und

einem Gespräch eine emotionale Note zu geben. Oft erinnern sich die Menschen jedoch nicht genau daran, was jemand gesagt hat, sondern wie sie sich dabei gefühlt haben.

> » „Wenn ich meinen Mann bitte, den Müll runterzubringen und er kommt mit einem Blumenstrauß zurück, dann weiß ich, dass ich alles richtiggemacht habe."

Versuche, die Menschen in deinem Umfeld zu begeistern, zu inspirieren und für eine gute Sache zu mobilisieren. Dann bekommst du Wind unter deinen Flügeln und Menschen, die dich unterstützen. Gemeinsam schafft man immer mehr als allein. Trau dich, auf andere zuzugehen, denn auch in dir schlummert ein wahrer Influencer!

Die Erfolgsgeheimnisse der neuen Stars

In der Theorie klingt vieles einfach und vielversprechend, aber wie sieht es im wahren Leben aus? Gibt es Menschen, die diese High-Performance-Strategien wirklich anwenden?

Schonungslose Antwort: Ja! Die gibt es! Und in den Kap. 2, 3, 4, 5, 6, 7, 8, 9, 10 und 11, 12 stelle ich dir elf inspirierende Persönlichkeiten vor, die bereits Großes in ihrem Leben erreicht haben und die dir zeigen, wie sie dahin gekommen sind.

Lass dich inspirieren – verbunden mit einer kleinen Warnung. Solltest du die Strategien und Hacks anwenden, könntest du damit sehr erfolgreich werden und ähnlich Großes erreichen, wie Deutschlands führende Unternehmer, Professoren, Sterneköche, Politiker, Künstler, Weltmeister, Piloten und Top-Models. Die Frage ist nur: Bist du bereit dafür?

Die Videos zu allen Interviews – ungekürzt in voller Länge – findest du auf meinem YouTube Kanal. https://www.youtube.com/channel/UCy8693hRTwicoxi1iZq485A. Scanne dafür den folgenden QR-Code:

Literatur

Burchard B (2020) High Performance Habits: Die Kunst, außergewöhnlich zu werden. Finanzbuchverlag, München

Handelsblatt (2016) Zitate von Obama und Merkel: „The proof of the pudding is the eating". https://www.handelsblatt.com/politik/deutschland/zitate-von-obama-und-merkel-the-proof-of-the-pudding-is-the-eating/13496606.html?ticket=ST-1529279-wEIq9hMGBnjFcC1myR6o-ap4. Zugegriffen: 29. Juni 2021

Kapoor P (2017) Gandhi: Sein Leben. Edel Germany GmbH, Hamburg

Meinhard G (2014) „Ich vergleiche Angst mit dem Gift einer Kobra". https://www.welt.de/sport/boxen/article127145834/Ich-vergleiche-Angst-mit-dem-Gift-einer-Kobra.html. Zugegriffen: 29. Juni 2021

My Morning Routine (2012–2021) Arianna Huffington. https://mymorningroutine.com/arianna-huffington/. Zugegriffen: 29. Juni 2021

Schwarzenegger A (2021) Total Recall: Die wahre Geschichte meines Lebens. Hoffmann und Campe Verlag GmbH, Hamburg

2

Wie aus einem Zeitsoldaten einer der erfolgreichsten Multiunternehmer wurde: Interview mit Calvin Hollywood

> „Ich finde das Wort Leistung mega geil!"
> Calvin Hollywood

Calvin Hollywood

Influencer, Fotograf, Fotokünstler, Consultant, Speaker und Geschäftsführer – das ist Calvin Hollywood. Calvin ist ein gefragter Experte, wenn es darum geht, Unternehmen zu beraten und online bzw. via Social Media weiterzuentwickeln. In seinem damaligen Beruf als Zeitsoldat fing er an, sich als selbstständiger Fotograf zu etablieren. Durch den erfolgreichen Auf- und Ausbau unterschiedlicher Geschäftsmodelle zählt Calvin Hollywood heute mit bis zu 13 unterschiedlichen Einkommensquellen zu einem der erfolgreichsten Multiunternehmer.

Ergänzende Information Die elektronische Version dieses Kapitels enthält Zusatzmaterial, auf das über folgenden Link zugegriffen werden kann https://doi.org/10.1007/978-3-658-40052-1_2.

Krafttier: Löwe

INTRO

Calvin, du bist Fotograf, Fotokünstler, Consultant, Speaker, Vater von zwei Kindern, Multiunternehmer. Und es hat alles irgendwann als Bundeswehrsoldat angefangen. Wie schafft man es denn, so eine Laufbahn hinzulegen?

„Meine Laufbahn war immer sehr geprägt von anderen. Es wird ja ganz oft davon gesprochen, ein Warum zu haben. Ich habe nie ein großes Warum gehabt. Das ist dann mit der Zeit entstanden. Aber ich habe mich immer von den Menschen führen lassen, denen ich etwas Gutes tun kann. Und das war halt zu Beginn die Frage: Wie fotografiert man? Wie bearbeitest du deine Bilder? Später kamen dann Fragen dazu: Sag mal, wie bekommt man denn so viele Follower auf Social Media? Und dann kam die Frage nach dem Geld. Also wie verdient man denn mit Social Media? Und so habe ich mich immer führen lassen. Ich habe immer versucht, Probleme anderer zu reduzieren oder dafür zu sorgen, dass sie diese selbst lösen können. Und so ist der Werdegang entstanden. Vielleicht bin ich irgendwann mal Yoga-Lehrer auf Hawaii. Ich glaube es nicht, aber kann ja sein. Wer weiß?"

Also gibt es bei dir immer eine Lösung?

„Noch nicht gleich eine Lösung. Aber ich bin mir sicher, es gibt irgendwo eine Lösung. Und die gilt es dann, mit Sicherheit zu finden. Es gibt nur ganz wenige Dinge, wo es vielleicht noch keine Lösung gibt, aber an die bin ich noch nicht gekommen. Ich glaube, in der Welt, in der ich mich bewege, findet man immer eine Lösung. Vielleicht nicht immer die beste, aber man findet eine Lösung, damit das Ganze sich wieder weiterbewegen kann."

Was bedeutet es für dich, erfolgreich zu sein?
„Für mich persönlich bedeutet es, erfolgreich zu sein, wenn ich morgens aufstehe, keine Angst haben muss und dass ich dann das tun kann, was ich möchte. Also es hat sehr viel mit Freiheit zu tun. Mein Kalender ist permanent eigentlich überwiegend leer. Ich kann frei wählen und muss keine Bedenken haben, keine Angst haben. Außer ich muss mal zum Zahnarzt. Das ist einer der wenigen Tage, die sind dann vielleicht nicht so erfolgreich. Aber ansonsten bedeutet das für mich Erfolg. Und die Zutaten, dahin zu kommen, da spielen dann so Dinge rein wie Persönlichkeitsentwicklung, natürlich auch Cashflow, Geld. Das gehört alles dazu. Aber letztendlich geht es darum, morgens aufzustehen, Spaß zu haben, keine Angst haben zu müssen und das zu tun, was man liebt."

Gibt es Eigenschaften, die du von Zuhause mitbekommen hast und die dir geholfen haben, deine PS besser auf die Straße zu bringen?
„Ich habe viele Geschwister. Ich will nicht sagen, wir waren arm, denn komischerweise hatte ich früher immer alles. Meine Mutter hat Heimarbeit gemacht. Mein Vater war LKW-Fahrer. Rückwirkend weiß ich, da war nicht viel Geld da. Und komischerweise hatte ich alles. Also ich hatte einen Computer, einen Basketballkorb im Hof. Mein Vater hat irgendwie immer Lösungen gefunden. Und das ist so die erste Lehre, dass man, obwohl man vielleicht nicht viel Geld hat, trotzdem sehr viel besitzen kann und sehr viel haben kann. Und das Zweite ist Disziplin. Mein Vater hat mich damals in jede Sportart reingebracht. Ich bin sehr wettkampforientiert, habe einen gesunden Sportsgeist. Nicht die Motivation macht mich aus, sondern diese unheimliche Disziplin, die ich auch aus dem Elternhaus habe."

> » „Es ist nicht die Motivation, die mich ausmacht, sondern diese unheimliche Disziplin."

Gab es bei dir Krisen und mobilisierende Ereignisse, aus denen etwas Gutes entstanden ist?
„In jeder Unternehmer-Story gibt es solche tollen Highlights. Rückschläge und Widerstände sind Teil jeder Heldenreise. Ich bin halt kein Risikotyp. Die einzigen zwei Widerstände oder Rückschläge hatte ich in der Zeit als Unternehmer. Bei mir wurde Muskelkrebs diagnostiziert. Und das hat mich ein Jahr lang aus der Bahn geschmissen, aus der beruflichen Bahn damals bei der Bundeswehr. Das war eine harte Phase. Und dann noch der Übergang vom zweiten ins dritte Jahr der Selbstständigkeit. Mit einer Vorauszahlung und Rückzahlung. Da kam eine Forderung von 40.000 €. 4.000 € waren auf dem Konto. Das war so ein bisschen Arschkarte. Aber ansonsten kann ich mich an nichts erinnern, wo es mal irgendwie richtig schwierig war. Ich denke, die schwierigen Zeiten waren da, aber ich habe sie einfach nicht so wahrgenommen. Ich habe sie vielleicht anders betrachtet."

Haben dich deine Krisen stärker werden lassen?
„Auf jeden Fall. So verrückt das klingt. Ich habe auf meinem Arm drei chinesische Zeichen tätowiert und eins steht für Krankheit. Nicht für Gesundheit, für Krankheit. Ich habe mir Krankheit auf den Oberarm tätowieren lassen, weil diese Krankheit damals eigentlich das Beste war, was mir passieren konnte. Natürlich nicht in diesem Moment. Da wird man ja immer erst später schlauer. Aber das kann man jetzt glauben oder nicht, ich war seitdem nicht mehr krank. Wenn, dann mal für drei Stunden. Habe ein bisschen Schnupfen oder huste herum. Aber am nächsten Tag ist es weg. Seit diesem Tag. Und ich glaube, das spielt mit rein. Das hat mir so eine andere Welt eröffnet, wo ich gesagt habe: Was ist denn wirklich wichtig?"

> » „Nichts kann mich aus der Bahn werfen."

KLARHEIT

Calvin, du liebst große Ziele und Herausforderungen. Warum so groß?
„Na ja, du sagst es ja, wegen der Herausforderungen. Also, ich muss sagen, in der Zeit, wo wir uns jetzt befinden, habe ich meine Ziele komplett umstrukturiert. Es gibt keine langfristigen Ziele mehr. Es zählt viel mehr im Moment. Aber ich war schon immer ein Fan, gerade wenn man etwas aufbauen will, zu sagen: Ich werde in fünf Jahren in Amerika auf der größten Bühne stehen. Es gibt auch noch Videos, wenn man auf YouTube googelt. Da sieht man mich noch in der Uniform sitzen. Ich soll eine Videobotschaft an meine Kinder aufnehmen, die waren sechs Monate alt, und dann sage ich: Kinder, wenn Ihr später mal groß seid, dieses Video seht, werde ich viel Geld verdienen als Fotograf. Ich habe es dann geschafft. Also das waren so Commitments, die liebe ich einfach. Und ich muss auch ganz ehrlich sagen, die brauche ich auch. Sonst hätte es wahrscheinlich auch gar nicht geklappt. Also diese Verpflichtung an die Gesellschaft, an mich selbst. Ich habe es immer öffentlich gemacht. Das hat mich immer getrieben, das hat mir auch immer den Push gegeben. Weil mir selbst vielleicht von innen heraus oft der Push gefehlt hat, habe ich mir den so ein bisschen im Außen gesucht."

> » „Was für ein Mensch will ich sein?"

Hast du denn eine klare Vorstellung gehabt von demjenigen, der du sein wolltest?
„Damals noch nicht. Ich wusste, was ich erreichen will, aber nicht, wer ich sein möchte. Und heute ist es genau umgekehrt. Heute habe ich ein ganz anderes Bild. Ich habe mich von dem treiben lassen, wovon sich jeder treiben lässt: Aufmerksamkeit, Erfolg, Geld, Wahlmöglichkeiten, keiner, der dir sagt, was zu tun ist. Das sind ja alles Dinge, Tätigkeiten. Aber das hat ja nichts mit mir zu tun. Ich habe mich nicht mit mir

selbst befasst. Was für ein Mensch will ich sein? Und erst jetzt, vor zwei bis drei Jahren, hat sich das bei mir alles geändert. Und ich frage mich eher: Wer will ich sein? Und nicht mehr: Was gilt es zu tun? Irgendwann merkt man: Moment, das könnte auf etwas Größeres einspielen. Gerade mit dem Butterfly-Effekt. Und dann merkt man: Moment, das ist ja alles viel größer. Und um da rein zu kommen, geht es nicht mehr nur darum, was zu tun ist, sondern um die Frage: Wer darf ich sein? Wer sollte ich auch sein? Welcher Charakter darf ich werden, um noch mehr bewegen zu können? Und das wurde mir erst die letzten Jahre so richtig bewusst, und daran arbeite ich jetzt auch."

ANTRIEB

Hast du einen inneren Antreiber, der deinen Motor am Laufen hält bzw. was sind deine Warums?
„Wenn es im näheren Umfeld liegt, ist es ganz klar die Familie und ein Vorbild für meine Kinder zu sein. Ich möchte, dass sie stolz sein können, wenn sie alt sind. Dass sie sagen können: ‚Mein Papa hat das und das erreicht und gemacht. Und das war eine Vorbildfunktion.' So war es auch mein Vater für mich. Das möchte ich. Das ist das Innen. Aber ansonsten will ich einfach im Außen mit den Erfolgen der anderen angeben können. Das gibt mir das Größte. Erst als Eltern lernt man das kennen, dass man sich mehr darüber freut, wenn die Kinder ein Geschenk auspacken, als wenn man das eigene Geschenk auspackt. Und in der Phase bin ich jetzt. Das heißt, mich treiben andere an. Andere Menschen geben mir jeden Tag die Energie, etwas zu tun. Das habe ich auch durch die Bundeswehr extrem gelernt. Ich sehe da heute noch Parallelen. Auch wenn man erstmal denkt: Hoppla, was kann die Bundeswehr damit zu tun haben? Aber dort gibt es viele Prinzipien, und ich finde generell das Dienen für andere Menschen sehr wertvoll. Was natürlich bei der Bundeswehr ein bisschen hart klingt und oft so ein bisschen uncharmant. Aber das Dienen für andere Menschen im Dienst eines Größeren ist ja da auch vertreten. Da gibt es viele Parallelen."

> „Ich finde Dienen für andere Menschen generell sehr wertvoll."

Unsere Zeiten sind ja gerade schwierig. Unser Kaffee ist momentan stärker als unsere Motivation. Was machst du in schwierigen Phasen, um motiviert zu bleiben?
„Das ist auch wieder so etwas. Ich fühle mich fast schon schlecht. Ich habe keine schwierigen Zeiten. Wieder Glück gehabt! Das ist mir schon fast unangenehm. Überlege mal, da habe ich drei Monate, bevor die Corona Pandemie kam, mein komplettes Office aufgelöst und auf Remote umgestellt. Als die Pandemie dann kam, waren wir schon voll drin. Ich brauche Raum. Ich brauche Luft. Ich brauche kein Office. Ich muss kreativ tätig sein. Ich will jeden Tag etwas anderes sehen. Ja, aber das ist so ein Luxusproblem. Da schäme ich mich schon fast, das als Problem zu äußern. Aber ich kann leider nicht aus Erfahrung sagen, wie ich mit schwierigen Zeiten umgehe, denn für mich ist es keine schwierige Zeit. Da muss schon mehr passieren. Ich war damals bei der Bundeswehr drei Tage im Wald unterwegs, habe nichts gegessen, nichts getrunken, war genervt. Und selbst das war schwierig, körperlich und mental, aber selbst das war eigentlich nichts. Meine positive Grundeinstellung hilft einfach immens. Das bedeutet nicht, dass man nicht traurig oder mal schlecht gelaunt sein darf. Das ist alles okay. Aber ich bin halt so ein Typ. Da gehe ich einmal auf YouTube, google etwas Bestimmtes und dann werde ich wieder zurückgeholt und sage: ‚Mensch, mein Gott, haben wir doch Glück gehabt!'"

> „Wir arbeiten einen Vier-Stunden-Tag und wenn wir ein Ziel erreicht haben, hören wir auf und machen nichts mehr."

ENERGIE

Du hast große Ziele, gibst jeden Tag Vollgas. Wie sorgst du für ausreichend Kraft und Energie?

„Ich muss nicht mehr Gas geben. Ich bin jetzt angekommen. Ich habe sechs Leute. Wir arbeiten einen Vier-Stunden-Tag. Wenn wir ein Ziel erreicht haben, sage ich: Jetzt wird gar nichts mehr gemacht. Das ist alles mega entspannt. Da getraue ich mich gar nicht zu sagen, ich muss Gas geben. Aber ich erinnere mich an die Zeiten, als das noch der Fall war. Und meine Empfehlung ist eine ganz, ganz klare Planung und Struktur, dieses Durchtakten, dieses Organisieren. Wer sich nicht organisieren kann, wird vielleicht als Überlebenskünstler erfolgreich sein. Solange er allein ist. Aber wir werden nie allein erfolgreich, sondern immer nur mit und durch andere Menschen. Und ich kann jedem nur empfehlen, selbst den ganz Kreativen: Organisiert Euch! Arbeitet mit To-do-Listen! Schreibt auf, was zu tun ist! Visualisiert Eure Ziele, habt ein System, habt eine Automatisierung hier und da! Fragt Euch, was Ihr abgeben könnt, damit dann wieder mehr Zeit ist – gerade für die Kreativen. Ich bin schon immer ein Planungsfreak gewesen. Und in dieser Prime-Time, wo ich mir neben der Bundeswehr mein Unternehmen aufgebaut habe, hatte ich faktisch nur drei Stunden, wenn es hochkommt, pro Tag. Am Ende kam ich fast auf hunderttausend im Jahr, mit diesen drei Stunden pro Tag, was mir dann gezeigt hat, dass man auch mit wenig Zeit viel erreichen kann. Aber dafür muss alles organisiert sein. Und das war der Schlüssel. Diese Organisation, Struktur, Apps, Tools, Technik, Abgeben. Ja und da bin ich heute noch gut drin, würde ich sagen, wegen dieser Erfahrung. Aber jetzt ist halt alles schon aufgebaut und es läuft relativ allein, sage ich mal. Es gibt schon noch was zu tun, ganz klar."

> » „Wir werden nie allein erfolgreich, sondern immer nur mit und durch andere Menschen."

Gehört Entschleunigung dazu, dass man wieder neue Kraft tankt?
„Ich glaube, gerade in dieser Entschleunigung liegt das Schöpferische. Und oft ist es ja so: Du fängst als Angestellter an, bist die ganze Zeit am Machen. Dann baust du dir nebenbei abends etwas auf, bist auch noch am Machen. Du bist die ganze Zeit nur am Machen. Dann als Selbstständiger gewöhnst du dir an, den ganzen Tag etwas zu tun. Aber wo ist die Zeit der Kreation? Du musst dich ja heute ständig verändern, anpassen, optimieren, was Neues schöpfen, vorausrennen. Und das geht in der Ruhe, finde ich, am besten. Und wenn man sich diese Zeit nicht nimmt, dann ist man irgendwann nur noch am Abarbeiten. Und da kann nichts Großes entstehen. Und deswegen habe ich dann irgendwann angefangen, diese Zeit zu beschützen. Einmal bei mir. Einmal bei meinen Mitstreitern – Mitarbeiter klingt immer so doof. Und das funktioniert. Ich hatte am Anfang Angst, diesen Vier-Stunden-Tag einzuführen. Wir machen das jetzt schon seit sechs Jahren. Wir wachsen, auch finanziell, obwohl wir weniger abarbeiten. Beim Fahrradfahren entsteht mal eine geile Idee. Bei der gemeinsamen Autofahrt, wo man irgendwo zusammen hinfährt, was unternimmt. Klar, das geht am Fließband natürlich nicht so. Oder ein Arzt kann auch nicht sagen: Ich entschleunige und nehme mir eine Kreativzeit. Aber in meiner Branche geht es nun mal. Und es geht in sehr vielen Branchen. Man braucht halt die Eier, öfter nein zu sagen. Um zur Ruhe zu kommen. Weil es fühlt sich ja nicht nach Arbeit an, wenn du zur Ruhe kommst. Man hat dann schnell ein schlechtes Gewissen."

> „Man braucht die Eier, öfter nein zu sagen, um zur Ruhe zu kommen."

Du hast jetzt eine eigene Reihe an Nahrungsergänzungsmitteln. Möchtest du darüber etwas erzählen?
„Ja. Ich bin immer auf der Suche nach Optimierung, nach angenehmer Optimierung. Ob das jetzt Software ist, Tools, Apps. Ich stöbere ständig im App-Store, tausche mich aus, finde jeden Tag neue Software. Dann natürlich auch Schlafoptimierung. Da bin ich offen. Und irgendwann

kommen halt auch Nahrungsergänzungsmittel dazu. Viele verwechseln das mit Nahrungsmitteln, aber es geht um Ergänzungsmittel zu einer gesunden Ernährung. Und da gibt es auch Möglichkeiten, dass man dann vielleicht keinen Zucker-Energy-Drink trinken muss. Es gibt andere Möglichkeiten der Selbstoptimierung, zum Beispiel Biohacks und Performance-Optimierung. Und was ich gemacht habe, war einfach nur das, was schon da war, ein bisschen mehr auf mich anzupassen. Und das ist ja auch wieder unternehmerisches Denken. Du musst nicht das Rad neu erfinden, aber manchmal siehst du etwas und denkst: Das ist schon gut. Aber das geht besser. Das geht individueller, anders. Und dann investierst du Energie, Zeit, Geld, um vielleicht etwas zu verbessern. Und das habe ich gemacht und wirklich mein eigenes Nahrungsergänzungsmittel herausgebracht – was ja dann wieder Unternehmertum ist. Und das finde ich auch wichtig als Unternehmer, dass man weitermacht, Dinge unternimmt. Gerade als Coach ist es wichtig, auch etwas vorleben zu können. Ich bin ein Schöpfer. Ich bin ein Kreierer. Ich bin eine andere Art von Unternehmer. Ich kann nicht nur am Unternehmen arbeiten. Ich muss auch ab und zu drin sein, um es zu fühlen. Und da gehörte das halt mit dazu."

PRODUKTIVITÄT

Du hast gesagt, du hattest früher wenig Zeit und hast dein Business in drei Stunden am Tag aufgebaut, was ich sensationell finde. Es kursieren auch die Geschichten, dass du dich im Auto rasiert hast. Wobei mich interessieren würde, wie man das macht. Welche drei Hacks nutzt du, um umsetzungsstark und produktiv zu sein?
„Also rasieren im Auto ging. Zähne putzen habe ich nicht geschafft. Das war zu gefährlich. Aber meine Tipps sind erstmal: Was ich heute rückwirkend anders machen würde, ist, noch mehr abgeben – viel mehr abgeben. Ich habe die Mathematik damals nicht bedacht. Das heißt, ich war irgendwann an einem Zeitpunkt, da hatte ich dann so im Jahr schon etwa meine 60.000 €. Und heute weiß ich, wenn man da die Mathematik bedenkt, wäre es besser, viel Kleinzeug abzugeben für zehn,

zwölf Euro die Stunde. Ich habe jedes Mal sehr viel Geld verschenkt, weil ich dachte, ich muss alles selber machen. Denn wenn ich es selbst mache, dann funktioniert es. Und diese Einstellung habe ich, Gott sei Dank, heute nicht mehr. Das wäre mein erster Tipp: Abgeben. Dann ein zweiter Tipp: Auf allen meinen Autos, die ich je gefahren habe und fahre, steht immer 80 20 oder 20 80. Und das steht für: Welche 20 % Input bringen 80 % für den Kunden? Und wenn wir immer nur bei uns selbst sind, wollen wir immer 100 % abliefern. Aber ich habe gemerkt, dass viele Kunden mit den richtigen 80 % im Ergebnis zufrieden sind und sagen: ‚Hey, das ist der Hammer!' Und den Feinkram, den ich mache, der wird oft gar nicht wahrgenommen. Und dafür wurde so viel Zeit vergeudet. Wenn ich die gespart hätte, hätte ich noch mehr abliefern können. Ich nenne das die Blair Witch Project Strategie, weil das so ein Film war mit ganz wenig Budget, der sich auf das Wesentliche konzentriert. Und ein dritter Tipp: Familie sollte immer an erster Stelle stehen. Ich habe immer gemerkt, ich brauche grünes Licht. Ich habe so viele geile Job-Anfragen bekommen, aber wenn zu Hause irgendwo meine Frau gesagt hat: ‚Ja, ich weiß nicht. Ja, kannst du gerne, aber ...' Nein, dann mache ich es nicht. Weil dann kann ich auch nicht abliefern. Ich habe immer gemerkt, dass ich dann abliefern kann, wenn ich volle Rückendeckung habe. Und ich habe die Familie nie rausgehalten. Ich habe Beruf und Privates nie getrennt. Ich habe sie immer voll mitgenommen. Die mussten nicht aktiv mitarbeiten, aber die wussten über alles Bescheid. Ich habe alles abgesprochen und habe mir immer das Okay geholt. Und mit dieser Rückendeckung bin ich raus und habe eine Schneise in die Szene reingezogen und das war geil."

» „Die vier Stunden morgens ist der Beast-Mode. Da wird nicht geredet, nicht gelabert, sondern einfach nur abgearbeitet – das, was zu tun ist."

Was hat es denn auf sich mit dem Vier-Stunden-Beast-Mode, den du hast?
„Das basiert auf der Tatsache, dass ich das halt bemerkt habe, dass man mit drei, vier Stunden schon sehr, sehr viel abarbeiten kann. In der Fotografie machst du freie Projekte. Du investierst deine Zeit nur für das eigene Portfolio. Nicht für das Geld. Und diese freien Projekte kommunizierst du nach draußen, und dann generierst du darüber Anfragen. Und dann kannst du Geld verlangen. Und dieses System geht ja nur, wenn du gratis arbeitest. Diese freien Projekte, wo wir uns verwirklichen können, die sind enorm wichtig. Und deswegen habe ich gesagt, wir brauchen vier Stunden am Tag, die wir freihalten, wo niemand arbeitet. Das ist das System. Die vier Stunden morgens ist der Beast-Mode. Da wird nicht geredet, nicht gelabert. Es wird einfach nur abgearbeitet – die Aufgaben, die drinstehen. Das, was zu tun ist. Die Dinge, die Einkommen produzieren. Und dann ist ein Cut und dann bitte nur noch Dinge tun, die nirgends auf einer Liste stehen. Kein Termin, keine To-dos. Vielleicht so ein bisschen die Langeweile forcieren. Nähere dich der Langeweilen an. Dann kannst du Dinge tun, wo du sagst, das wolltest du schon immer mal machen, hast aber keine Zeit dafür gehabt. Und hier entsteht, hier können wir genießen. Und natürlich ist das schon noch Business-relevant. Aber es hat viel mit der eigenen Selbstoptimierung zu tun: Sport machen, lesen, weiterbilden, mal zusammen was unternehmen, austauschen, lernen."

Wie schaffst du es denn, deinen Fokus zu halten?
„Hier ist es wieder die Disziplin. Viele denken, uns fehlt es an Motivation. Aber ich sehe das zum Beispiel als Motivation, wenn du abgelenkt wirst und wieder etwas Neues starten willst, weil du ja motiviert bist, das Neue wieder anzugehen. Da noch und da noch einen Reiz. Und wenn du auf die Reize zugehst, dann kommst du in Bewegung. Du hast ein Motiv, du hast einen Grund da reinzugehen. Und deswegen sage ich auch immer, die Disziplin muss stärker sein als die Motivation. Früher war das mit Sicherheit anders, weil du nicht so

oft abgelenkt worden bist. Da war es wichtig, die Dinge anzugehen. Früher hatten wir Zeit für die Umsetzung. Heute fehlt uns die Zeit für die Umsetzung, weil so viele Möglichkeiten da sind. Und ich bin daher ein großer Fan von Disziplin und habe regelmäßig Challenges. Übungen, wo ich selbst meine Disziplin trainiere. Und das mache ich schon seit zehn, 15 Jahren. Und die Challenges sorgen dafür, dass ich dann sehe: Bildschirm-Zeit, Clubhouse, zweieinhalb Stunden. Halbe Stunde mache ich noch, aber dann ist Schluss."

EMOTIONALE STABILITÄT

Was macht dich glücklich, Calvin?
„Freiheit. Am glücklichsten bin ich, wenn ich frei entscheiden kann. Wenn nichts von außen etwas bei mir bestimmt. Also deswegen nur ganz wenige Termine. Freiheit, das mag vielleicht ein bisschen ein egoistischer Gedanke sein. Aber es ist wirklich so, dass ich selbst dafür sorgen kann, dass ich gut funktioniere, dass es mir gut geht. Weil dann kann man natürlich auch anderen etwas Gutes tun und gut abliefern. Und dann bin ich auch wirklich jemand, selbst wenn ich im Moment gern verreisen würde, der permanent nur bei der Familie sein will. Ich gehe nie weg. Ich will einfach in der Nähe der Menschen sein, die mir am wertvollsten sind. Jetzt, nach einem Jahr, würde ich schon sagen, wäre es mal wieder cool, eine Reise zu machen. Aber ich erinnere mich an die Zeit zurück, wo ich eingespielt war. Ich war ab und zu mal auf einem Job irgendwo und war dann immer froh, wenn ich einfach nur zu Hause war. Und ich bin gern allein. Wenn ich allein bin, bin ich happy. Also Ruhe, Stille, allein sein – das ist für mich sehr schön."

» „Zweifel und Ängste hat man, wenn man die Kontrolle abgibt und unwissend ist."

Gibt es auch mal Momente, wo dich Zweifel und Ängste einholen? Was machst du dann?

„Also, die einzige Angst, die ich habe: jemanden von der Familie zu verlieren. Aber da gehe ich nicht rein. Da wird mir schon schlecht, wenn ich nur darüber nachdenke. Da denke ich nicht darüber nach. Ich habe im Business schon Zweifel: Kommt das jetzt an – das neue Produkt? Aber es liegt ja an mir. Also ich habe ja die Kontrolle. Ich glaube, Zweifel und Ängste hat man, wenn man die Kontrolle abgibt, wenn man unwissend ist. Ich bin ein Sicherheitstyp. Ich habe schon Ängste, aber es sind so kleine Ängste. Ich habe Angst, beim Elternabend die Hand zu heben und eine Frage zu stellen, weil ich denke, es ist vielleicht dumm, was ich sage. Ich habe Angst, auf fremde Menschen zuzugehen, die ich spannend finde. Die anzusprechen, getraue ich mich nicht. Ich habe Angst, manchmal eine Zurückweisung zu bekommen, wenn ich jemandem etwas anbiete. Aber das sind so Mini-Ängste. Diese großen Ängste und Zweifel habe ich nicht. Aber mein Leben ist klar voll von kleinen Dingen. Ich bin ganz zurückhaltend privat. Ich bin total introvertiert. Ich hätte eine Höllenangst, wenn ich Achterbahn fahren müsste. Im Leben würde ich das nicht tun. Aber das sind andere Ängste. Diese großen Ängste, die waren früher da, die habe ich jetzt abgelegt, weil das Wesentliche, Wichtige ist erreicht: Familie, Sicherheit und was in deinem Kopf vorgeht. Deswegen habe ich das jetzt nicht so sehr."

MUT

Würdest du lieber sagen, Anlauf nehmen und springen oder erstmal warten?

„Ich springe nicht. Ich bin nicht mutig. Vielleicht sieht das von außen anders aus, aber ich bin jemand, der erst fünfmal guckt. Also, um Gottes Willen. Da bin ich ein Schisser. Ich bewundere mutige Menschen. Ich bewundere Menschen, die sagen: All in, let's go! Das merke ich, wenn ich mit Leuten Monopoly spiele. Wie da manche spielen. Ich bewundere das wirklich, aber ich bin so klar bei Sicherheit, Stabilität, Erfolg, Dominanz. Das sind schon so Dinge, da fühle ich mich wohl. Sicherheit und Stabilität sind jetzt natürlich vielleicht auch mit dem Alter gekommen. Aber ich bin nicht mehr mutig. Nein. Ich warte und beobachte. Ich schaue den Mutigen zu und lerne von denen."

EINFLUSS

Du bist Influencer, hast ja eine große Community, du bist für viele ein Vorbild. Wie schaffst du es, Leute positiv zu beeinflussen?
„Ja, also früher bin ich sehr stark über das Fachliche gegangen, über die Fachkenntnis, über Leistung. Und das empfehle ich auch immer, dass man sich immer erst etwas über Leistung aufbaut. Wo wir wieder beim Dienen sind, bei der Dienstleistung. Ein ausschlaggebender Punkt war der Basketballer Dennis Rodman. Der war damals mein großes Vorbild. Der hat auch mit Leistung überzeugt. Und dann hat er irgendwann keinen Bock mehr gehabt, so zu sein, wie andere das erwarten. Und dann hat er gesagt: ‚Entweder ich werfe jetzt alles hin oder ich lebe ein neues Leben.' Und da hat er angefangen, sich zu tätowieren, die Haare zu färben und wurde dann einer der berühmtesten Basketballer, der verrücktesten Basketballer überhaupt. Und wurde erfolgreicher denn je! Und das ist der Punkt. Das von innen bringst du irgendwann nach außen. Und bei mir ist es, sagen andere, mein loses Mundwerk, dieser Mannheimer Dialekt. Ich rede, was mir in den Kopf kommt. Ich stehe offen zu meinen Schwächen. Ich sage, was ich nicht kann. Ich sage zum Beispiel: ‚Ich bin nicht sonderlich intelligent oder ich kann keinen Schrank aufbauen' und so weiter. Und das gibt ja auch wieder Freiheit, wenn du transparent bist, wenn du dich nicht anpassen musst. Und diese Freiheit beeinflusst sehr stark. Aber aufpassen, man eckt auch an. Je persönlicher du bist, desto angreifbarer wirst du. Und wenn du dann schwach bist, gehst du daran kaputt. Also jemand, der sich dazu entschließt, über seine Personality nach draußen zu gehen und andere mitzureißen, der muss auch wissen: Es gibt Gegenwind. Es gibt Ohrfeigen. Und die musst du einfach wegstecken. Wenn du das nicht wegstecken kannst, dann geh erstmal über die Dienstleistung raus und versuche, darüber etwas zu bewegen, bevor du über die Personality rausgehst."

> „Es gibt Gegenwind und Ohrfeigen. Und die musst du wegstecken."

MEINE PERSÖNLICHEN PERFORMANCE HACKS

Kann High-Performance einfach sein? Was wäre dein persönlicher Hack, jeden Tag Spitzenleistung zu vollbringen?
„Ich finde, Leistung zu erbringen, ist nicht schwer, wenn du halt kleiner anfängst. Leistung ist etwas Tolles. Leistung ist etwas richtig Schönes. Aber es kommt darauf an, wie du es angehst. Das fängt ja immer mit einem kleinen Schritt an. Und ich appelliere einfach, mit kleinen Schritten zu beginnen. Das gibt keinen Muskelkater. Klar, den kannst du am Anfang mal haben. Aber du kannst ja auch erstmal ins Gym gehen und dich umschauen, ein bisschen herumstrampeln. Und beim nächsten Mal machst du wieder ein bisschen mehr. Ich finde, man sollte sich nicht die Ansprüche der anderen anschauen. Oder sich ständig mit den Leistungen der anderen vergleichen. Es sei denn, du bist ein wettkampforientierter Typ. Viele, die aus dem Sport kommen, die lieben das. Das pusht sie. Mich pusht das. Aber viele gehen daran zugrunde. Ich finde das Wort Leistung mega geil. Mega geil und erstrebenswert. Aber wie man es selber umsetzt, ist ja jedem selbst überlassen. Und lieber langsam, aber sicher, statt schnell, unsicher oder hektisch."

PERSÖNLICHKEIT

Wenn du dein jüngeres Ich nochmal treffen würdest, also den Calvin vor 20 Jahren, was für einen Rat würdest du ihm mit auf den Weg geben?
„Befass dich mit Psychologie, wie Menschen funktionieren. Interessiere dich für Menschen. Also: Wie ist ein Gehirn aufgebaut? Wie werden Entscheidungen getroffen? Wie unterschiedlich sind die Menschen? Wie ist ein Mensch in Köln? Wie ist er in Berlin? Wie ist er in der

Schweiz? Also befasse dich mehr mit den Menschen und du wirst dann feststellen, dass sie total unterschiedlich sind. Obwohl wir uns alle irgendwie sehr ähnlich sind. Aber befass dich damit. Das wird dir viele Türen öffnen."

Wenn du die Möglichkeit hättest, eine riesengroße Anzeigentafel irgendwohin zu stellen, was würde draufstehen?
„Du musst nicht alles gut finden, aber respektiere es und sei tolerant. Respekt und Toleranz finde ich sehr wichtig. Weil im Moment halt sehr viel auftaucht, was nicht unserer Meinung entspricht. Das tangiert uns emotional. Aber ich empfehle, respektvoll mit anderen Meinungen umzugehen. Und vor allen Dingen auch zu versuchen, so tolerant wie möglich zu sein."

Was ist deiner Meinung nach der schlechteste Rat, der häufig gegeben wird?
„Ja, ich habe es! ‚Bleib so, wie du bist.' Ja, das ist. Es ist ja gut gemeint, dieses ‚Bleib so, wie du bist.' Würde ich nicht wollen, ich möchte mich ja verändern, weiterentwickeln – positiv, klar. Das ist eigentlich die absolute Nummer Eins: Bleib so, wie du bist."

Hast du ein Lebensmotto?
„Ich habe viele. Ganz groß ist ja: ‚Wer will, der kann.' Das ist ja die Abkürzung für: Wer etwas erreichen möchte, der kann das mit den heutigen Möglichkeiten erreichen. Also es ist ja nicht nur der Wille allein. Die lange Version ist ja: Wenn du bereit bist, wenn du den Willen aufbringst, dich mit den Dingen zu befassen, die dafür notwendig sind, um etwas zu erreichen, dann kannst du das auch. Denn es ist so wenig verwehrt. Früher war vieles unmöglicher. Heute ist alles greifbarer und möglicher geworden. Ich habe einen Satz: ‚Schießt Euch zuerst in die Herzen, bevor Ihr Euch in den Geldbeutel schießt' – im wirtschaftlichen Sinne. Und daran angelehnt: Ja, ich selbst möchte sehr viel Geld verdienen, aber nur, um noch mehr gratis anbieten zu können. Das sind so die drei Dinge, an denen ich mich orientiere.

Neben den Werten, die ich halt habe. Aber das sind so die Slogans, die ich lebe."

__Die persönlichen Hacks von Calvin Hollywood findest du im Video des Interviews (s. Abb. 2.1).__

Abb. 2.1 Fast Lane Calvin Hollywood

3

Die Ärztin für Lebenskraft – Mit ihrem Geheimnis gewöhnt man sich das Altern ab: Interview mit Dr. Harsha Gramminger

> „Es gibt kein Schlecht. Es geht immer noch besser!" Harsha Gramminger

Dr. Harsha Gramminger

Harsha Gramminger hat sich das Altern abgewöhnt und weiß genau, mit welchen Tricks das geht. Als Ärztin, Ayurveda-Spezialistin, Buchautorin hilft Harsha Menschen dabei, gesund zu werden, wieder in ihre Mitte zu kommen und voller Lebenskraft tätig zu sein. Als Medizinerin setzt sie dabei nicht nur beim Körper an. Besonders die Lust, die Leidenschaft und die Lebenskraft verordnet sie auf ihren Rezepten, um den Jungbrunnen ewig sprudeln zu lassen.

Krafttier: Elefant

Ergänzende Information Die elektronische Version dieses Kapitels enthält Zusatzmaterial, auf das über folgenden Link zugegriffen werden kann https://doi.org/10.1007/978-3-658-35022-2_3.

INTRO

Harsha, woran denkst du, wenn du die beiden Wörter Spitzenleistung und Erfolg hörst?
„Spitzenleistung, da geht es direkt durch meinen Körper und der will schon loslaufen. Das gefällt mir total gut. Denn dann aktiviere ich meine Selbstmotivation. Es passiert einfach. Ja und wenn du nicht losläufst, dann kannst du keinen Erfolg haben. Das ist ja klar. Und wenn du losläufst, dann willst du natürlich an die Spitze kommen. Ist auch klar."

Gibt es Ereignisse in deinem Leben, wo du an dir gezweifelt hast, es nicht so gelaufen ist, aber dennoch etwas Gutes entstanden ist?
„Nach meiner chirurgischen Karriere im Krankenhaus dachte ich, ach nein, ich mache jetzt doch lieber irgendwas in der Psychosomatik. Ich spezialisiere mich auf einem psychologischen Fachgebiet, wo auch der Körper und der Geist zu Wort kommen, und bewerbe mich da. Und hatte ein ganz tolles Bewerbungsgespräch. Es lief nach meinen Wünschen. Und ich dachte, den Job hast du. Und stell dir vor, die haben sich gegen mich entschieden. Und ich dachte, oh Gott, was denn jetzt? Das kann ich ja überhaupt nicht verstehen. Das war ein Bombengespräch. Die waren alle begeistert. Warum nehmen sie mich nicht? Und später stellte sich heraus, das war die Ebnung meines Weges in Richtung Ayurveda. Wenn ich die Absage nicht bekommen hätte, hätte ich mich nie in Richtung Ayurveda bewegt. Es hat wieder nochmal Neues eröffnet. Und manchmal verstehen wir nicht, wenn etwas nicht funktioniert oder wir eine Absage bekommen, dass es eigentlich für etwas Größeres gut sein kann. Für etwas, was viel wichtiger in unserem Leben ist. Du siehst, nach einer Enttäuschung kann auch etwas Gutes geschehen."

Welche Eigenschaften hast du von Zuhause mitbekommen, die dir geholfen haben, deine PS erfolgreich auf die Straße zu bringen?
„Nie aufzugeben. Weißt du, es gab einen ganz verrückten Spruch bei uns, du lachst dich krank. Mein Vater hat immer gesagt:

‚Grammingerblut ist keine Buttermilch.' Und das ging durch die ganze Familie. Und ich weiß nicht, zum einen ist der Spruch natürlich total lächerlich. Aber es beeinflusst einen und du fühlst dich stark. Und alle in der Familie haben sich stark gefühlt. Die meisten sind Sportler geworden. Haben eine Sportlerkarriere oder zumindest teilweise eine Sportlerkarriere hingelegt. Ob im Fußball, im Eisschnelllauf – egal, wo. Wir waren in der Familie sehr sportlich unterwegs. Und dieser Spruch hat uns begleitet. Den Ehrgeiz zu haben und sich einzusetzen, nie aufzugeben. Es gibt kein Schlecht. Es geht immer noch besser. Also irgendwie sind das so verschiedene Sprüche gewesen, die mich begleitet haben in der Kindheit."

Du hast es gerade gesagt, Eure Familie war sehr sportlich. Du selbst hast ja auch eine Sportkarriere hingelegt. Du warst Deutsche Meisterin im Eiskunstlaufen.
„Ja und im Rollkunstlauf, im Viererguppenlauf, das war damals so eine neue Sache. Wo man nicht im Einzel- oder im Paarlauf gestartet ist, sondern vier sind quasi harmonisch miteinander gelaufen. Und da sind wir sehr jung schon Deutsche Meisterinnen geworden – als ich zehn war. Und ich erinnere mich, wir sind gegen die großen erwachsenen Damen angetreten, die im Alter von 18 bis 20 Jahren waren. Und wir haben gewonnen. Das war Wahnsinn. Wir standen in der Bildzeitung. Wir waren vorne auf dem Treppchen. Wir waren richtig bekannt. Und das prägt natürlich auch. Und es hat total viel Spaß gemacht."

» „Um richtig in Fahrt zu kommen, musst du 100 % gehen und mit Begeisterung losschießen. Dann macht das Leben richtig Freude und du kannst auch was erreichen."

KLARHEIT

Du hast es geschafft, deinen Erfolg in verschiedenen Lebensbereichen zu reproduzieren. Was hat dir geholfen, deine Visionen und Ziele zu erreichen? Hattest du immer ein klares Ziel?

„Ich denke, ich habe immer klare Zwischenziele gehabt. Ich bin immer total losgelaufen. Egal, was es war, ob im Eiskunstlauf oder ob es anschließend das Ingenieurstudium war. Oder dann auch das Medizinstudium oder die Forschung. Überall bin ich wirklich total losgegangen. Ich möchte mal sagen, zu 100 %. Und das möchte ich eigentlich jedem raten. Wirklich 100 % zu geben. Egal, wie lange es ist. Heute wechseln wir ja öfter die Richtung. Oder vielleicht auch den Beruf. Und es macht ja gar nichts. Es ist egal, wo du anfängst, aber gib dich 100 % da hinein. Dann erlebst du dich auch in deiner ganzen Fülle und Ausprägung. Und wenn du nur so ein bisschen gibst, wer weiß, ob es richtig ist? Wenn du 30 % gehst, dann bleibst du ja ständig stehen. Du kommst gar nicht so richtig in Fahrt. Um richtig in Fahrt zu kommen, musst du 100 % gehen und richtig losschießen mit Begeisterung. Dann macht das Leben auch richtig Freude und dann kannst du auch was erreichen."

Hast du eine sehr klare Vorstellung gehabt von der Frau, die du sein wolltest?

„Nein. Ich habe immer wieder neu entschieden. Das machte ja keinen Sinn, von den Ingenieurwissenschaften zur Volkswirtschaft zur Medizin. Viele Menschen haben sich gefragt: ‚Was macht die denn? Wieso macht sie das?' Meine Eltern haben gesagt: ‚Bist du des Wahnsinns? Mach doch Eiskunstlauftrainerin. Reicht doch.' Aber ich wollte dies studieren, weil es mich interessierte und weil ich innerlich so einen Antrieb gespürt habe. Es hat mich interessiert. Es hat mich mitgenommen. Es war also nicht so, dass ich meinen ganzen Weg im Voraus wusste. Auf keinen Fall. Immer wieder einen Abschnitt. Und dann hat sich der nächste Abschnitt angehängt. Mit einer neuen Entscheidung."

> „Ich begeistere mich ständig. Und das finde ich ganz wichtig."

Welche Fähigkeiten durftest du denn auf deinem Weg der Spitzenleistung und des Erfolgs lernen?
„Durchhaltevermögen. Durchhaltevermögen bekommst du, wenn du trainierst. Wenn du im Sport tätig warst. Wenn du Sportlerin bist. Dann Selbstmotivation. Eigenes Feuer zu entfachen für die Sache, die dich begeistert, begleitet mich mein Leben. Ich glaube, ich bin so ein Typ: Durchhaltevermögen, die Eigenmotivation und die Begeisterungsfähigkeit. Die Begeisterungsfähigkeit hast du oder du hast sie nicht. Ich kann mich begeistern für was Neues. Jederzeit. Auch wenn ich vorher noch nie davon gehört habe, kann ich mich für etwas begeistern. Ich frage mich, wie etwas geht oder was es ist. Das kann ein Buch oder eine neue Sportart sein. Ich begeistere mich ständig. Und das finde ich ganz wichtig auf dem Weg. Durchhaltevermögen, Begeisterungsfähigkeit und Eigenmotivation."

ANTRIEB

Wie ist es denn in Phasen, wenn die Motivation mal nicht da ist? Wie versuchst du dich da weiter anzutreiben?
„Ja, da habe ich auch wieder ein schönes Beispiel. Und zwar mein Medizinstudium. Ich habe ja zuerst Ingenieurwissenschaften und dann Volkswirtschaft studiert. Und dann erst Medizin. Als ich das Vorstudium schon hatte, dachte ich mir, das ist jetzt aber anstrengend. Das ist so viel. Also wenn ich einmal durch die Prüfung falle, dann gebe ich auf. Dann höre ich auf mit dem Studium. Und dieses immer wieder neu überlegen von Semester zu Semester, das war ein Erfolgsgeheimnis. Mich zu fragen, ob ich überhaupt noch weitergehen möchte. Du musst ja ganz viel in deinen Kopf reinstopfen und abrufbereit haben – gerade im Medizinstudium. Und da habe ich mich immer gefragt, ob

ich jetzt nochmal gehe oder nicht? Ich habe mir wirklich genau überlegt, ob ich den nächsten Schritt machen möchte. Und ihn dann gemacht. Ich nahm mir vor, aufzuhören, wenn ich bei den Prüfungen durchfalle. Und das hat mir so einen Kick gegeben, dass ich durch alle Prüfungen gekommen und nirgendwo durchgefallen bin. So ging ich durch das ganze Medizinstudium. Also man kann sich solche Zwischenziele setzen."

> » „Du musst es nicht tun. Du kannst jederzeit überall aussteigen und etwas völlig Neues beginnen."

Das heißt, du hast ganz genau die Konsequenzen gekannt, wenn du es nicht schaffst?
„Ja, dann höre ich auf, genau. Und ich habe auch immer wieder aufs Neue überlegt, ob ich das noch einmal will. Und habe es wirklich auch innerlich losgelassen. Und mich gefragt, ob ich im nächsten Semester weiterstudieren möchte. Ich bin so zwei, drei Tage in mich gegangen und habe ganz von Grund auf eine neue Entscheidung gefällt. Und es war immer die Entscheidung weiterzugehen. Aber ich konnte nicht vorhersagen, wie ich mich im nächsten Jahr entscheiden würde, im nächsten Semester. Das habe ich immer wieder aufs Neue entschieden und mich dabei völlig frei gefühlt. Ich hatte ja schon einen Beruf, sogar zwei, also ich musste ja nicht weitergehen. Das hat mich sehr befreit. Und das fühlt sich so gut an, wenn du frei entscheidest. Du musst es nicht tun. Du kannst jederzeit überall aussteigen. Und kannst was völlig Neues beginnen. Du kannst, egal, wo du gerade stehst, immer wieder neu entscheiden. Das bedeutet wirklich wahre innere Freiheit. Und indem du dich neu entschieden hast, kannst du auch wieder losschießen zu neuer Leistung. Wenn du auf dem Weg bist und dich das anstrengst, du kommst nicht durch und es macht auch keinen Spaß, weil es fürchterlich anstrengend ist. Aber wenn du alles loslässt und völlig neu und unabhängig entscheiden kannst, ist das etwas ganz anderes."

ENERGIE

Du bist jemand, der sehr lebendig ist, der sprüht, der sehr viel Feuer hat. Was tust du, um jeden Tag genügend Kraft und Energie zu haben?

„Ich stehe morgens auf und dann sagt mir mein Körper, was jetzt dran ist. Entweder jogge ich oder ich mache Tae Bo oder ich mache Oshos Dynamische Meditation. Oder ich mache verschiedene Programme vom Tae Bo. Das mache ich morgens. Je nachdem, wonach ich mich fühle. Wenn sich die Muskeln bewegen wollen, dann gehe ich eher in Tae Bo und nehme vielleicht ein paar Hanteln in die Hand. Oder ich denke, na ja, jetzt möchten die Beine mal laufen, dann gehe ich joggen. Und daraus schöpfe ich immer wieder neue Kraft. Wenn du dich in Bewegung setzt mit dem Körper, dann fühlt er sich auch lebendig an. Dann hast du auch Kraft für den Tag. Also es geht viel durch den Körper mit seiner Energie. Wenn du deinen Körper nicht in Bewegung setzt, wo willst du die Energie hernehmen? Dann schläft die so untendrunter. Die ist dann wie betäubt oder anästhesiert. Und ich rufe sie gerne wach. Das macht Spaß. Dann fühlst du dich auch wacher in deinem Verstand. Und die Endorphine tun das Ihrige. Du bist besser drauf. Ich möchte es gar nicht missen. Dann frühstücke ich und pflege mich, bevor ich den Tag beginne. Eine kleine Einkehr nach dem Workout halte ich auch immer noch – so fünf bis zehn Minuten, wo ich einfach in die Stille gehe. Das mache ich auch sehr gerne. Denn dann komme ich wieder bei mir an, in meinem Zentrum. Und fühle mich fokussiert für den Tag. Es ist wie ein Zurückkommen."

> » „Wenn du deinen Körper nicht in Bewegung setzt, wo willst du die Energie hernehmen?"

Du bist Spezialistin und Expertin für Anti-Aging und hast dir das Altern abgewöhnt. Gibt es denn spezielle Ernährungspraktiken, die du pflegst?
„Ja, auf jeden Fall. Ich lebe ja fast vegan, möchte ich mal sagen. Und Gemüse ist mein Begleiter. Ich esse auch gerne Tofu oder Seitan, viele Hülsenfrüchte. Also ich ernähre mich sehr gesund und koche jeden Tag frisch. Das finde ich ganz wichtig. Und die Schwere der Kuhmilchprodukte brauche ich einfach nicht mehr, es fühlt sich nicht so gut an. Dann nehme ich natürlich Nahrungsergänzungen zu mir, die mir die restlichen Vitamine und Mineralien geben, die sehr gesund sind und die auch frisch hergestellt sind. Und wenn ich mal meine, dass meine Leber ein bisschen Unterstützung braucht, nehme ich was Ayurvedisches ein. Eigentlich nehme ich im Vorfeld von allem etwas ein und halte mich dadurch auch fitter."

PRODUKTIVITÄT

Wie hältst du den Fokus und wie vermeidest du Ablenkungen?
„Durch den Sport morgens und durch die Meditation, möchte ich mal sagen. Wenn dein Verstand ruhiger ist, dann bist du auch eher bei der Sache. Wenn ich in mir zentriert bin, kann ich mich stundenlang konzentrieren. Also ich kann mich hinsetzen, schreiben. Wenn ich schreiben will, schreibe ich. Und dann habe ich den Fokus. Und das fällt mir leicht. Vielleicht habe ich das trainiert über die Jahre. Es hilft aber sehr der Sport. Es ist ganz wichtig, dass man durch Sport und durch den Sauerstoff seinen Verstand freibekommt. Und durch das Meditieren. Meditieren hilft dir, in die innere Einkehr zu gehen und dann auch bei dir zu bleiben. Denn wenn du im Außen bist, dann bist du ständig abgelenkt. Hier und da und dort. Und du weißt gar nicht, wo du hingehen sollst und kannst dich nicht mehr auf eine Sache konzentrieren. Wenn du bei dir bist, fällt es dir leicht. Dann kann sich draußen abspielen, was will. Egal, ob die Stühle umfallen oder was gerade ist, du bist bei dir. Dann bist du nicht mehr ablenkbar."

> „Meditieren hilft, in die innere Einkehr zu gehen und dann auch bei dir zu bleiben."

Wie viele Stunden arbeitest du am Tag?
„Das weiß ich gar nicht. Ich fange morgens gegen neun Uhr an. Ich mache meine Essenspausen und dann sitze ich manchmal abends um acht da, weil ich noch eine Idee habe, und schreibe noch etwas auf. Dann geht es auch mal bis zehn Uhr. Manchmal höre ich einfach früher auf, vielleicht schon um sieben. Ich habe da keinen Plan. Ich mache es so, wie es aus mir heraus möchte. Wenn ich eine Idee habe, muss ich diese eben aufschreiben. Manchmal lese ich was nach. Je nachdem, wie ich mich fühle. Ich habe nicht diesen typischen Nine-to-Five-Tag, weil ich es liebe, durch den Tag zu fließen. Und meine Patienten kommen zu bestimmten Zeiten. Ich organisiere ja meine Termine und mache nicht zu viele, damit ich möglichst noch genügend Freiraum für meine eigenen Kreationen habe."

EMOTIONALE STABILITÄT

Was machst du, wenn dich Ängste und Zweifel einholen oder wenn du ein beklemmendes Gefühl spürst, was dich hindert, dynamisch und positiv weiterzumachen?
„Also, wenn ich mir Gedanken mache, Sorgen mache, dann lasse ich die mal vorbeiziehen. Wenn es ein Problem ist – ich bin sehr praxisorientiert –, dann lese ich nach, ich informiere mich und ich finde eine Lösung. Negative Emotionen, in dem Sinne, gibt es eigentlich nicht. Es gibt ja Menschen, die irgendwas auf mich projizieren, wo ich vielleicht gar nicht gemeint bin. Ja, dass irgendwie negative Energie auf mich zukommt. Die lasse ich durch mich durch. Weil ich weiß, es ist nicht meins. Wenn ich selber mal in so einer unsicheren Lebensphase bin, dann mache ich Oshos Dynamische Meditation, die erdet mich. Du atmest verrückt und chaotisch, hast eine Katharsis und landest dann in

der Stille und bist bei dir und geerdet. Da fühle ich mich dann wie eine Amazone, völlig in mir und dann ist jede Unsicherheit weg. Das kann ich auch mal ein paar Tage machen oder so. Dann komme ich gut über diese unsicheren Phasen und es hilft mir."

> » „Es gibt keine Situationen, in denen du stecken bleibst. Nach jedem Tief kommt wieder ein Hoch."

Heißt das, du kannst dich auch in jedem Moment immer wieder in ein gutes Gefühl versetzen?
„Ja, genau. Ich bin in einem Alter, da kannst du das eh. Ich glaube, zwischen 30 und 40, da ist es viel, viel schwieriger. Und Ü50 ist alles wesentlich leichter. Du kennst dich besser. Du weißt, wie du rauskommst. Und ich hatte das auch, dass Emotionen über mich hergingen, dass da Wellen von Emotionen über mir waren. Das habe ich nicht mehr. Also ich kann dir sagen, es wird immer besser, je älter du wirst. Ist das eine Gelassenheit? Ja, das kann schon sein. Auf jeden Fall sind es Erfahrungen. Du weißt, dass du aus jeder Situation herauskommen kannst, dass es keine gibt, wo du drin stecken bleibst. Dass nach jedem Tief wieder ein Hoch kommt. Das weißt du dann genau, diese Erfahrung hast du. Das gibt dir Selbstsicherheit. Und du weißt, das geht auch vorbei. So schlimm kann es gar nicht sein. Du wirst da echt lockerer mit der Zeit."

MUT

Liebe Harsha, zum Thema Mut: Anlauf nehmen und springen oder lieber warten?
„Niemals warten. Geh einfach, probiere es aus. Ich habe ja auch mal dieses Tandemfliegen gemacht. Und ich bin keiner, der gerne vom Boden weg ist. Ich bin sehr bodenständig. Fliegen, das ist nicht so

meins. Okay, im Flieger schon. Aber nicht Tandemfliegen so über die Lande. Ich habe es dann trotzdem gemacht. Um es mal zu erfahren, wie es denn ist, wenn du fliegst und keinen Boden unter den Füßen hast und Spiralen drehst. Und was der alles gemacht hat, dieser Kunstflieger. Ich habe dann mitgemacht und dann auch gebrüllt zwischendurch. Wenn du nicht mutig bist, kannst du das Leben nicht wirklich entdecken. Und du kannst es auch nicht in vollen Zügen leben. Es gehört zum hundertprozentigen Leben einfach dazu. Zur Freude auch. Einfach tun. Über die Grenzen gehen. Ausprobieren. Alles, was du noch nicht kennst und wo du irgendwie Lust darauf hast, probiere es aus. Ganz wichtig."

Wie bist du mit Risiken und Hindernissen umgegangen, die sich in deinen Weg gestellt haben?
„Sehr rational. Wenn ein Risiko kam oder ich gespürt habe, ich kriege Gegenwind, dann habe ich schon geguckt, was will mir das Leben jetzt zeigen? Wie kann ich das klären? Was kommt wirklich auf mich zu? Wie groß ist das Risiko? Wie hoch? Machst du das? Und dann fühle ich in solchen Momenten in mich hinein. Und sage mir auch, wie hoch das Risiko ist. Was kann schlimmstenfalls passieren? Und ich denke, okay, du kannst jetzt hunderttausend Miese machen. Schlimmstenfalls. Okay. Ist es das wert? Ja, ich will das Projekt machen. Dann mache ich das. Oder ich sage, nein, das Risiko ist mir echt zu groß. Soviel möchte ich nicht einsetzen, das ist es mir nicht wert. Und dann lasse ich los. Weißt du, man kann die Risiken ja abwägen."

» **„Wenn du nicht mutig bist, kannst du das Leben nicht wirklich entdecken und es auch nicht in vollen Zügen leben."**

Du nutzt den Verstand, aber du fragst auch dein Herz?
„Absolut. Das Herz ist erst mal die Voraussetzung, dass ich mich einlasse. Und dann muss ich schon abwägen. Wie hoch das Risiko ist: Bin

ich bereit, das Risiko einzugehen? Ich bin ja nicht blind. Wir haben ja einen Verstand. Und ich bin ja auch kopflastig, auch wenn ich vom Herzen lebe. Also ich muss dann schon gucken, dass ich die beiden zusammenbringe. Ich versuche es. Ich versuche mein Bestes. Also der Kopf ist immer dabei. Ohne Kopf geht es nicht."

EINFLUSS

Du bist auf den Bühnen dieser Welt unterwegs, du bist eingeladen in Podcasts, im Radio, im Fernsehen. Wie schaffst du es, andere zu inspirieren, zu begeistern und auch positiv zu überzeugen?
„Ich glaube, indem ich ihnen zeige, wie du dich selber lebst. Ich lebe mich selber. Und das ist so ein gutes Beispiel für die anderen. Ich glaube, das ist inspirierend. Jemanden zu sehen, der sich selbst lebt und den Mut hat, seinen Weg zu gehen. Das reicht. Ich muss ja nicht sagen, folge mir, sondern ich bin so ein lebendes Beispiel dafür, dass es geht. Dass du dein Leben leben kannst. Dass du frei sein kannst. Dass du erfolgreich sein kannst. Dass du über deine Grenzen gehen und Spaß haben kannst, egal wie alt du bist. Und du kannst immer noch erfolgreich sein. Ich glaube, das ist die Inspiration."

Gab es in deinem Leben Menschen, die dir Wind unter den Flügeln gegeben und dich in deinen Projekten unterstützt haben?
„Wenige, ja. Es gab Trainer, die mich unterstützt haben – natürlich. Es gab die Eltern, die mich unterstützt haben. Und es gab im Ayurveda die indische Regierung, die mich unterstützt hat. Stelle dir das mal vor, das hat so gutgetan. Die haben meinen Kongress unterstützt. Und haben ihn auch teilfinanziert. Ich habe also da für unseren Dachverband wirklich auch Geld bekommen, den größten europäischen Ayurveda-Kongress zu organisieren. Und das war natürlich eine Riesenehre und ein Riesenvertrauen für mich. Ohne die Unterstützung hätten wir das nie durchführen können. Das ist natürlich ein ganz, ganz tolles Gefühl."

> „Jeder, der zu sich selbst steht, ist eine Inspiration."

Hast du Vorbilder, die dich inspirieren oder auch antreiben?
„Jeder, der sich selber lebt, ist eine Inspiration. Es gibt ja den verrückten Altersforscher. Ich weiß jetzt nicht, wie er heißt. Der ganz anders die Treppen runtergeht und hochgeht. Und verrückt durch die Stadt geht. Den finde ich, zum Beispiel, irre. Aber irgendwie interessant. Er macht das, was er sagt. Menschen, die das machen, was sie sagen, finde ich großartig. Und ja, ich möchte gar keine Namen nennen. Das kann egal wer sein. Das sind keine großen Menschen, sondern es sind Menschen, die sich selbst leben. Die finde ich spannend, egal welchen Weg sie eingeschlagen haben. Menschen, die zu ihrer Eigenart, zu ihrer Persönlichkeit stehen und sich nicht angleichen wollen, sondern wirklich heraustreten aus der Masse. Ob es die Kassiererin ist, die sich anders verhält an der Kasse. Ob das ein Vorstandsmitglied einer Aktiengesellschaft ist. Wer auch immer das ist, spielt überhaupt keine Rolle. Ob es eine Schauspielerin ist oder ein anderer Künstler. Jeder, der zu sich selbst steht, ist doch eine Inspiration, wie ich finde. Und das sind meine Vorbilder. Und da reihe ich mich gerne mit ein."

MEINE PERSÖNLICHEN PERFORMANCEHACKS

Was ist denn dein ganz persönlicher Hack, um richtig herausragende Performance zu zeigen?
„Lauf dich warm und gehe raus. Zum Beispiel, wenn du auf die Bühne gehst, musst du dich irgendwie warmlaufen wie im Sport. Du musst dich vorbereiten. Barack Obama machte Liegestütze oder so. Jeder bereitet sich vor. Wenn du richtig warmgelaufen bist und nicht kalt, dann kannst du deine beste Performance machen. Du machst ein Aufwärmtraining und dann gehst du raus. Und genauso machst du es auch auf der Bühne. Schauspieler machen das auch. Die machen dann ihre

Stimmübungen und so weiter. Die machen sich auch warm. Und wenn du Redner bist, musst du das auch tun."

Wie wärmst du dich auf?
„Ich tanze. Ja, ich lege mir eine Musik auf und tanze. Dann setze ich mich vor den Computer. Zurzeit sind es ja Webinare und Vorträge, die online stattfinden. Aber wenn es auf der Bühne stattfindet, mache ich das auch. Dann Knopf ins Ohr und dann wird getanzt, warmgelaufen, vorbereitet. Okay und dann geht es raus."

PERSÖNLICHKEIT

Wer wärst du geworden, wenn du nicht die geworden wärst, die du heute bist?
„Ich meine, ich wäre vielleicht Balletttänzerin geworden."

Wen würdest du im Leben gerne mal treffen?
„Mooji. Mooji ist ein spiritueller Meister. Den habe ich noch nie getroffen. Deshalb würde ich ihn gerne mal treffen."

Was ist der schlechteste Rat, der deiner Meinung nach häufig erteilt wird?
„Schuster, bleib bei deinen Leisten."

Hast du ein Lebensmotto?
„Lebe, liebe, lachen. Es ist so einfach wie das."

Und hast du noch ein letztes Wort für die Leser und Leserinnen?
„Lebe dich. Lebe dein Leben. Und nicht das Leben der Anderen."

Die persönlichen Hacks von Dr. Harsha Gramminger findest du im Video des Interviews (s. Abb. 3.1).

Abb. 3.1 Fast Lane Dr. Harsha Gramminger

4
Werde der Star deines Lebens – Vom Paradiesvogel zum Newcomer-Künstler aus „The Voice of Germany": Interview mit Manuel Lojo

> » „Lasst Euch von niemandem erzählen, was Ihr in Eurem Leben für Euch erreichen könnt oder nicht!" Manuel Lojo

Manuel Lojo

Er ist der Paradiesvogel unter den Newcomer-Künstlern – Manuel Lojo. Internationale Erfolge als Sänger mit eigenem Album, Single-Veröffentlichungen als eigenständiger Künstler und Studiomusiker gehören ebenso zu seiner kreativen Arbeit wie seine Arbeit als Autor. In acht Ländern haben ihn über 500.000 Menschen bereits live erlebt und auch im TV zur Prime-Time begeisterte er ein Millionen-Publikum in der Sendung „The Voice of Germany". Sein Credo lautet daher: „Mitleidsapplaus bekommen wir umsonst, doch Standing Ovations werden verdient!"

Ergänzende Information Die elektronische Version dieses Kapitels enthält Zusatzmaterial, auf das über folgenden Link zugegriffen werden kann https://doi.org/10.1007/978-3-658-40052-1_4.

© Springer Fachmedien Wiesbaden GmbH, ein Teil von Springer Nature 2023
K. Leinweber, *High-Performance: Erfolg ist, was du aus dir machst*,
https://doi.org/10.1007/978-3-658-40052-1_4

Krafttier: Wasserbüffel

INTRO

Manuel, du bist Sänger, Künstler, Entertainer und Autor, was denkst du, wenn du die Worte Höchstleistung und Erfolg hörst?
„Ganz viel Struggle, weil von alleine kommt nichts. Und ganz viele Geschichten. Es gibt Tausende Geschichten, Millionen Geschichten wie es Millionen Menschen gibt."

Hast du von Zuhause Eigenschaften mitbekommen, die dir geholfen haben, deine PS erfolgreich rauszubringen?
„Ich würde fast sagen, nein, so hart wie das klingt. Ich möchte das gerne ein bisschen erklären. Meine Eltern waren ganz normale Leute mit ganz normalen Jobs. Ich bin ja Spanier, alle Spanier hatten eine Immobilie in Spanien. Wir hatten keine zum Beispiel. Alle hatten ein Auto, wir hatten auch kein Auto. Wir waren so ein bisschen atypisch. Wir waren wirklich ganz normale Leute. Also nicht auf Erfolg getrimmt, nicht darauf, irgendetwas Spezielles zu leisten. Und damit bin ich aufgewachsen. Und deswegen habe ich, sage ich jetzt mal so, für den Erfolg nicht wirklich etwas mitbekommen. Aber es war okay. Bis zu dem Moment, wo ich gemerkt habe, ich möchte mehr vom Leben. Und da habe ich mir dann wirklich meine Infos zusammensuchen müssen. Ist nicht schlimm. Weil immer alle sagen: ‚Von Zuhause habe ich das und das mitbekommen.' Nein, wenn es halt nicht so war, dann war es nicht. Aber dann, selbst und ständig sage ich immer, dann muss man halt gucken, wie man dahin kommt, wo man hin möchte."

> „Ich wurde so aus einem überheblichen Arschloch zu einem Menschen, der sich um Menschen gesorgt hat."

Deine Aussage bestätigt die These, dass man eben nicht in der genetischen Lotterie der guten Eigenschaften gewonnen haben muss, sondern dass man alles lernen kann, um Spitzenleistungen zu vollbringen. Gab es in deinem Leben Momente oder Krisen, die sich als mobilisierende Ereignisse erwiesen haben?
„Da gab es zwei Momente: Der eine Moment war, als mein Vater gestorben ist. Das war natürlich eine harte Zeit. Da war ich 17. Das war so eine Zeit, wo du weder an Tod denkst, noch daran, da könnten mal die Eltern irgendwie weg sein von jetzt auf gleich. Da ging es ein paar Jahre in die Zukunft, wo ich wirklich nicht wusste, wo ist mein Platz, was soll ich tun? Zum Glück muss ich sagen, war damals meine Bezugsperson meine Mutter. Und da kamen dann natürlich ganz viele Sachen, die ich nicht verstanden habe. Und ein paar Jahre später habe ich mir gesagt: ‚Es kann nicht sein, dass der Tod meines Vaters jetzt mein ganzes Leben negativ belastet.' Und dann bin ich auf die Sinnsuche gegangen. Der Tod kann nicht sinnlos gewesen sein. Und da hat es dann bei mir Klick gemacht. Wo ich gesagt habe: ‚Okay, was war denn vorher, vor dem Tod, und was kam danach?' Und vor dem Tod war es einfach. Wir hatten alles, meine Eltern haben gut verdient. Ich hatte alles, was ich wollte. Und ich war sehr überheblich. Und dann war das von jetzt auf gleich weg. Ich konnte nicht aufs Gymnasium gehen, mein Abitur machen, weil meine Mutter gesagt hat: ‚Mach bitte eine Ausbildung, damit wir noch ein bisschen Geld am Ende des Monats haben.' Und in diesem Moment hat alles geswitcht. Ich wurde so aus einem überheblichen Arschloch zu einem Menschen, der sich um Menschen gesorgt hat. Und deswegen war das wirklich ein Switch, wo ich dachte: ‚Der Tod meines Vaters war im Nachhinein das Beste, was mir passieren konnte.' Weil ich jetzt den Job habe, den ich habe. Ich liebe die Menschen, ich helfe den Menschen, ich möchte, dass es den

Menschen gut geht. Und das wäre wahrscheinlich nicht gewesen, wenn ich weiterhin das ganz normale Leben geführt hätte wie damals.

Und der andere Moment, der war auch sehr, sehr krass. Der liegt ein paar Jahre zurück. Da bin ich mit meinem damaligen Unternehmen, mit einer Werbeagentur, pleitegegangen. Also wirklich für mich monumental, muss man dazu sagen. Und dann war so die Phase, wo du nichts hattest. Also wirklich Schulden, kein Geld, nichts. Und da bin ich mit meinem Sohn in eine Bäckerei gegangen damals, da war der ganz, ganz klein, das war so Kindergartenzeit. Er wollte eine Brezel haben. Da wusste ich schon, das Geld in meiner Hosentasche reicht nicht für eine Brezel, es wird ein trockenes Brötchen werden. Und wir standen in der Bäckerei und ich habe mein Kleingeld rausgeholt und es hat noch nicht mal für ein Brötchen gereicht. Und dann hat mein kleiner Junge gesagt: ‚Papa, das macht nichts. Dann esse ich ein anderes Mal eine Brezel. So viel Hunger habe ich ja gar nicht. Macht nichts.' Da dachte ich mir: Okay, wenn dir so ein kleiner Knirps irgendwie so einen Satz reinhaut, einem gestandenen Mann, dann ist jetzt die Zeit des Weinens und der Selbstbemitleidung einfach rum. Und da war der Switch, wo ich mir gesagt habe: Erstens möchte ich in so eine Situation nie wieder kommen. Du hast eine Pleite hingelegt, okay. Die Situation ist wie sie ist. Aber jetzt ist gut. Und jetzt drehen wir mal den Schalter auf Vollgas. Der Rest ist Geschichte. Mit einem Zaunpfahl hat es dann Klick gemacht, aber gut, manchmal brauchen wir den."

» „Es gibt immer einen Ausweg, man muss ihn nur finden."

KLARHEIT

Hattest du immer eine klare Vorstellung von demjenigen, der du sein wolltest?
„Ich hatte schon sehr früh diesen Drang, auf die Bühne zu gehen. Den hatte ich wirklich schon. Mein Vater hat, als ich noch sehr, sehr klein

war, mit mir immer Aufnahmen gemacht, wenn ich gesungen habe, mit so einem alten Kassettenrekorder, wo du Play und Record zusammendrücken musstest. Er wollte immer, dass ich singe und ich habe dann gesungen. Solche Aufnahmen sind auf meinem ersten Album drauf, der letzte Track. Da hört man mich als Knirps mit meinem Papa. Das ist mega. Und da kam es sehr, sehr früh, dass ich gesagt habe: ‚Ich möchte auf die Bühne.' Ich habe irgendwann mal auf meinem kleinen Röhrenfernseher in meinem Kinderzimmer Rock am Ring gesehen und da war klar: Da will ich hin. Aber ich wusste wirklich nicht, wo die Reise hingeht – ob als Sänger, ob als Musiker. Aber auf eine große Bühne, wo viele Menschen dastehen und ich performe, das war mein Traum. Und dann ging es halt in die Musik. Bis jetzt mache ich Musik, habe die Welt gesehen, für Unternehmen gearbeitet und viele tolle Momente erlebt. Also die Musik hat mich immer, immer begleitet. Es war immer Bühne, auf jeden Fall."

Das klingt nach einer großen Vision. Was hat dir geholfen, dieses Ziel wirklich in die Tat umzusetzen?
„Ein Zufall, ein ganz klarer Zufall. Mein allererster Gig, also mein erstes Konzert, mein erster Auftritt kam durch Zufall. Ein langjähriger Freund hat damals gesungen und Gitarre gespielt. Ich habe damals nur gesungen. Und er hat mich angerufen und hat gesagt: ‚Manuel, ich habe ein Problem. Ich habe einen Anruf erhalten von einem Arzt, der möchte spanische Musik haben für eine Veranstaltung bei sich zu Hause.' Und dann war die Frage: Machen wir es oder machen wir das nicht? Er war noch nie aufgetreten, ich war noch nie aufgetreten. Wir haben uns einfach hingesetzt und vier Lieder geprobt, zwei hat er gesungen, zwei ich. Und so sind wir dahin getingelt. Und damit war dieses Band durchgeschnitten. Das war so die Eröffnung unserer Karriere, damit fing alles an. Dann haben wir immer mehr gemacht, immer mehr und haben das ganz normale Musikerleben gestartet. Von kleinen Geburtstagen über Livepubs oder kleine Bars. Vielleicht mussten wir damals noch zahlen, damit wir auf die Bühne durften. Dann durften wir umsonst auf die Bühne. Dann haben wir vielleicht noch eine Cola bekommen. Und irgendwann kam zur Cola noch das Schnitzel dazu. Und irgendwann,

sagen wir mal, 50 Mark und dann 100 Mark und der Rest ist dann auch wieder Geschichte. Also wir haben das ganz normale Musikerleben gestartet."

» „Bühne bringt Bühne und ein Auftrag den nächsten."

Das heißt, du bist den ersten Schritt gegangen. Mit deinem Freund, mit einer guten Vorbereitung. Und dann kam der Stein ins Rollen?
„Exakt. Dann kam eins zum anderen. Und es ist wirklich so in jeder Branche. Wir sagen immer: „Bühne bringt Bühne." Ein Auftrag bringt den nächsten Auftrag. Wenn man es klug macht. Wenn man einen Kunden gewinnt, der super, mega zufrieden mit dir ist und du dann nicht den Mut hast, den Kunden zu fragen, ob er dich an jemanden weiterempfiehlt, dann wird es natürlich schwierig. Wenn wir das nicht tun, dann kann es zwar auch klappen, aber dann wird es natürlich schwierig. Aber es ist wirklich so, Bühne bringt Bühne. Ich bin ja so ein Fan von ‚Die Bühnen deines Lebens'. Die Bühnen sind jeden Tag in deinem Leben. Und wenn wir auf einer Bühne gut performen, dann kommt die nächste Bühne dazu und dann wird die Performance auch wieder besser. Wenn ich nett bin zu der Dame an der Kasse im Supermarkt und alle anderen sind nicht nett, was wird denn am nächsten Tag passieren, wenn ich wieder an der Kasse stehe? Sie wird mich anlächeln. Sie wird wahre Freude haben, mich wiederzusehen. Das ist eine Bühne. Sie weiß nicht, wie du heißt, sie weiß nicht, wer du bist. Warum lächelt sie dann? Ja, weil du sie auch mal angelächelt hast. Weil du nett zu ihr warst. Und so können wir von Bühne zu Bühne unser ganzes Leben so gestalten, dass es ein wundervolles Leben ist."

» „Ich habe gelernt, dass es immer weitergeht."

ANTRIEB

Es gibt sicher auch Momente, in denen du mal feststeckst, in denen dein Kaffee stärker ist als deine Motivation. Was machst du dann?
„Durch meine Pleite, muss man wirklich sagen, habe ich ein paar Sachen gelernt. Ich habe gelernt, dass es immer weitergeht. Das ist das Eine. Also egal, was passiert, egal, wie die Motivation ist oder diese Mindfucks wie ‚Oh, du bist es nicht wert. Das wird nicht klappen. Das neue Produkt wird nie laufen. Lass es doch gleich. Da ist so viel Arbeit drin. Und es fehlt noch so viel Arbeit. Dann lieber lassen, mach was anderes.' Also wenn diese Gedanken, dieses Stocken, wie du gesagt hast, diese Ängste hochkommen, sage ich mir immer: ‚Du hast alles hinbekommen. Du hast das mit den Gläubigern hinbekommen, du hast das mit dem Finanzamt hinbekommen, du hast die Anwälte wegbekommen.' Also alles, was in so ganz schlimmen, dunklen Zeiten auf dich zukommt, was ich niemandem wünsche. Im Nachhinein bin ich natürlich dankbar, das erlebt zu haben. Weil alles andere relativiert sich dann. Das kann ich wirklich mitgeben. Es gibt so einen schönen Spruch: ‚Das Finanzamt kann dir alles nehmen, aber nicht das Leben.' Und das ist einfach so. Es nimmt dir niemand das Leben. Solange du atmest, kannst du agieren, du kannst mit Menschen interagieren, du kannst telefonieren, du kannst mit ihnen sprechen, du kannst Lösungen finden, du kannst Menschen um Hilfe fragen. Und allein das in meinem Mindset zu haben, das, was schon früher geklappt hat und auch bei anderen Menschen geklappt hat. Man liest ja immer auch andere Erfolgsgeschichten. Und dann frage ich mich: ‚Warum soll das denn bei mir nicht klappen?' Es gibt immer einen Ausweg, man muss ihn nur finden. Und ich will es jedem an die Hand geben: Das Größte, was ein Mensch machen kann, ist um Hilfe zu bitten. Die Menschen glauben so oft, dass sie damit die Hosen runterlassen und nichts wert, ein Vollidiot, ein Trottel und noch nicht mal den Dreck unter ihren Schuhen wert sind. Und sie denken, dass alle sagen: ‚Guck mal der, jetzt kommt er angekrochen und will Hilfe haben. Hahaha.' Und da muss ich wirklich sagen, um Hilfe zu bitten, ist ein Zeichen von wahrer Größe. Weil du dich nicht versteckst. Wir sind nicht Superman und

Superwoman. Das müssen wir auch gar nicht sein – weder für uns vor unserem Spiegel noch vor unseren Kindern. Ich habe das letztens so zu meinem Sohn gesagt: ‚Ich bin für dich vielleicht der Superheld. Aber ich bin kein Superheld. Ich gebe jedoch jeden Tag mein Bestes.' Wir sind nicht allwissend. Und das ist mir sehr wichtig: Wir dürfen Vorbilder sein, aber keine falschen Lichtgestalten. Wir sind Menschen, und um Hilfe bitten ist für mich ein Zeichen von wahrer Größe. Deswegen, geht raus und fragt um Hilfe und Euch wird geholfen werden. Und wenn nicht, geht es weiter."

> » „Wir sind nicht Superman und Superwoman und müssen es auch gar nicht sein."

ENERGIE

Du bist auf der Bühne. Du sprudelst, du hast Kraft und Energie. Gibt es Dinge, die du täglich dafür tust?
„Wenn es ein Geheimnis gibt, dann ist das natürlich immer Vorbereitung. Am Abend vorher bereite ich meinen nächsten Tag vor. Nicht immer, muss man dazusagen. Denn ich bin, das muss ich zugeben, ein durch und durch fauler Mensch. Also die Couch ist mir natürlich lieber als jedes Laufband. Es ist wie es ist. Jetzt ist es raus. Und manchmal, wirklich, abends, wenn ich dann so einen Moment habe und der Tag hart war, dann sage ich: ‚Ach komm, das machst du morgen früh. Du schaust mal morgen früh, wie du in den Tag startest.' Dann merke ich natürlich innerhalb von zehn Sekunden, das war eine schlechte Entscheidung. Also Vorbereitung ist wirklich das A und O. Wenn du abends schon weißt, was du morgens machst oder was du über den Tag machen möchtest, dann ist das aufgeschrieben. Es ist manifestiert. Über die Nacht überlegst du ja schon in deinen Gedanken: Okay, das gehe ich so an. Dann wird der Tag und deine Performance, egal, welche es sein sollte, einfach besser. Das ist so mein Ritual."

Was hilft dir in den Momenten, in denen du erschöpft bist, wieder zu Kräften zu kommen?
„Meine Kraft ziehe ich immer aus der Musik, wirklich immer aus der Musik. Wenn ich wirklich down bin, wenn irgendwas nicht läuft. Wenn ich so in diese Kraft kommen muss, dann habe ich, ich sage jetzt mal, meine kleine Playlist von drei, vier, fünf Songs, wo ich weiß, das bringt mich wieder nach vorne. Oder ich nehme meine Gitarre und spiele so zwei, drei Akkorde oder singe irgendetwas und dann bin ich wieder da. Das mache ich, um wieder in meinen Fokus zu kommen."

> » „Vorbereitung ist Trumpf, immer, immer!"

PRODUKTIVITÄT

Was machst du, um produktiv zu arbeiten? Wie vermeidest du Ablenkung, wie hältst du Fokus?
„Es ist Tag für Tag schwierig. Aber der Grundtenor ist wirklich Vorbereitung. Wie jeder sein Leben managen muss, so musst du deinen Tag managen. Du musst wissen, was du machen musst: was im Job zu tun ist, mit meinem Sohn Mathe üben, einkaufen gehen, weil meine Frau einen Arzttermin hat, mit dem Hund rausgehen. Es macht ja keinen Unterschied, ob ich ein Unternehmen habe oder eine Familie oder einen Tag oder ein Leben oder eine Woche oder einen Monat organisieren muss. Es ist die Planung und die Organisation, die dir dabei hilft. Also Vorbereitung ist Trumpf, immer, immer. Und alles im Blick zu behalten. Niemals zu sagen: ‚Meine Arbeit ist jetzt am wichtigsten.' Und dann sind zum Beispiel das Kind und die Frau weg. Nein, nein, nein, nein. Es gehört alles dazu. Und das schaffen wir auch. Auch in 24 Stunden, wir brauchen keine 48 Stunden. Es geht um gute Organisation und alles ist wichtig. Es hat alles sein Gewicht. Die Gewichtung ändert sich nur in dem Moment, sage ich mal, wenn ich mit einem Kunden telefoniere und es geht um einen hohen Abschluss. Dann wiegt in diesem Moment der Kunde mehr als

mein Kind. Und wenn ich meinem Gegenüber eine Bedeutung gebe, den Menschen, die ich liebe, oder meiner Arbeit, dann sollte klar sein, dass diese Gewichtung und dieser Respekt auch von deinem Umfeld, von deinen Mitarbeitern und von den Menschen, mit denen du dein Leben bestreitest, da ist und auch diese gewisse Organisation. Also Organisation und die Gewichtung müssen da sein und der Respekt."

» „Ich war schon immer auf der Suche nach dem heiligen Gral."

Wie viele Stunden arbeitest du am Tag, Manuel?
„(Lacht) Zu viele. Zu viele. Ich würde ja fast sagen twentyforseven. Ich war schon immer auf der Suche nach dem heiligen Gral. Ist einfach so. Also ich wollte immer mehr vom Leben, will immer mehr vom Leben, ich will immer ein neues Produkt, für die Kunden was Neues oder herausfinden, wie man etwas noch attraktiver machen kann. Ich bin immer am Denken. Selbst wenn wir einen Film gucken, denke ich: ‚Warte mal, das könnte man auch so machen.' Also ich bin immer am überlegen. Ich kenne das vielleicht noch von der Musik. Ich gehe auch jetzt noch sehr oft ins Bett, egal zu welcher Uhrzeit, und habe auf einmal eine Idee. Wenn du eine Songidee hast, einen Text oder eine Melodie, sagst du dir: ‚Okay, diese Idee machst du morgen früh mal fertig.' Aber vorbei, die ist dann weg. Also ich bin sehr, sehr oft ins Bett gegangen, habe zwei Stunden dagelegen, ratter, ratter, und überlegt, was ist es und was kann man da machen. Und dann bin ich aufgestanden und habe vielleicht nochmal eine Stunde das Ganze aufgezeichnet oder, wenn es ein Lied war, die Melodie aufgenommen oder was auch immer. Deswegen sage ich twentyfourseven. Aber positiv, jetzt wirklich nicht so: ‚Oh Gott, oh Gott. Und jetzt immer arbeiten, arbeiten, arbeiten.' Ich mache es ja für mich, für meine Kunden und für die Menschen, um ihnen bei so vielen Problemen einfach zu helfen und da zu sein für sie. Aber da ist auch die Freude, wenn man morgens um drei vielleicht mit einer Idee aufwacht und sagt: ‚Jetzt stehe ich auf und mache es fertig und dann gehe ich wieder schlafen.'"

EMOTIONALE STABILITÄT

Welche positiven Gefühle gehören zu deinen besten Freunden?
„Liebe. Da ist dieses Gefühl der Liebe einfach und ja, diese Glückseligkeit, dieses ‚blessed'. Das ist, wenn ein Kunde sagt: ‚Wow, jetzt habe ich es verstanden. Wow, jetzt hat es bei mir Klick gemacht.' Oder: ‚Vielen Dank für den Kurs.' Oder: ‚Vielen Dank für diese Information.' Diese Glücksgefühle, wo du sagst: ‚Wow, jetzt bin ich zufrieden oder jetzt habe ich was Neues, einen neuen Impuls oder den Leuten geht es gut.' Und dann sind wir gleich wieder bei der Liebe. Ich möchte, dass es den Menschen gut geht."

> » „Wenn du nicht in Aktion trittst, dann passiert auch nichts. Das hat früher schon nicht geklappt."

Was machst du, wenn dich Ängste und Zweifel einholen?
„Ja, wie ich vorhin schon gesagt habe: Weiter geht es. Meine Frau sagt immer: ‚Du machst mir ein bisschen Angst, wenn du immer dieses selige Lächeln bekommst, so dieses Weiter-geht's-Lächeln, Ja-das-kann-mich-nicht-erschüttern-Lächeln.' Und dann weiß mein Umfeld schon: Oh, jetzt wird es heiß. Jetzt kommt gleich was. Und dann geht es weiter. Also wirklich, was soll denn passieren? Also wenn du eine Rechnung bekommst, die muss ja bezahlt werden. Ende. Was soll denn passieren? Wenn du ein Problem hast, dann musst du doch da in die Lösung gehen. Kopf in den Sand stecken bringt nichts. Die Rechnung wird nur teurer mit Zinseszins. Aber es ist wie mit allen Herausforderungen, es wird nicht besser. Und deswegen: Weiter geht es! Lösungen finden! Was kann ich machen? Nimm mal das Beispiel Bank. Telefoniere mit der Bank. Und telefoniere mit der Bank sofort, wenn der Brief kommt. Sofort! Nicht drei Wochen später. Da hat doch keiner mehr Lust, dir zu helfen. Deine Wertigkeit für dein Gegenüber ist doch praktisch null in diesem Moment. Frag dich lieber: Was erwartet mein Gegenüber? Und habe eine Absicht."

MUT

Was hilft dir dabei, mutig zu sein? Oder anders gefragt: Anlauf nehmen und springen oder lieber warten?
„Je nachdem, ganz ehrlich, je nachdem. Auch wieder durch die schlechten Zeiten, durch die Pleite, wo man vielleicht zu schnell gerannt ist und sich dann verrannt hat. Oder gegen die Wand gerannt ist. Das hast du natürlich im Hinterkopf und sagst dir: Ich möchte nicht, dass die Situation, die damals vorherrschte, wiederkommt. Deswegen renne ich nicht mehr so schnell los. Doch wenn du geprüft hast: Bringt mich das meinem Ziel näher? Könnte es mich meinem Ziel näherbringen? Und wenn dann die Ergebnisse stimmen, dann natürlich Vollgas geben. Also dann nicht warten. Aber blindlings losrennen, würde ich keinem raten."

> » „Lasse die Leute doch denken, dass du einen Hau hast. Was interessiert mich denn, was der andere jetzt denkt!"

Du hast zu mir gesagt, man nennt dich auch Mr. Teflon – warum?
„Wenn es heißt, ‚du traust dich das eh nicht und du bist ein Feigling', was interessiert mich denn, was der andere jetzt denkt – mal ganz ehrlich? Es geht doch um mich und dass ich mich gut fühle. Ich möchte dir ein kleines Beispiel geben. Das ist viele, viele Jahre her. Da waren wir in Frankfurt, ich war mit zwei Mädchen unterwegs. Und auf einmal kamen, ich glaube, zehn Jungs. Und die haben die Mädels dumm von der Seite angemacht. Es waren zehn Jungs, ich war allein mit zwei Mädchen. Ich bin dann wirklich aus dieser Situation rausgekommen, weil ich gesagt habe: ‚Okay, jetzt machen wir mal eins. Ihr seid zu zehnt, ich bin alleine. Aber eins kann ich Euch sagen, zwei von Euch nehme ich mit. Es ist wie es ist. Zwei von Euch nehme ich mit.' Und da habe ich eins gelernt: Keiner von denen wollte einer von diesen Zweien sein. Also im schlimmsten Falle, ja, lasse die Leute denken, dass

du einen Hau hast, dass du nicht mehr ganz normal bist. Und dann bekommst du jedes Mobbing, egal, wo im Leben, weg."

EINFLUSS

Du stehst auf der Bühne und begeisterst die Zuschauer und Zuhörer. Du inspirierst sie. Was hilft dir dabei? Gibt es da einen Trick?
„Ja, der Applaus. Der Applaus ist natürlich immer das, wofür wir auf die Bühne gehen. Einfach das Lächeln, das Lächeln, dieses selige Lächeln von den Menschen, wenn sie eine gute Zeit haben. Und das ist bei der Musik genauso wie bei einem Kongress. Ich möchte, dass die Leute natürlich ihre Nuggets mitnehmen, ihr Wissen, ihre Aha-Momente haben. Aber sie sollen auch Spaß haben. Ich finde, wenn man sagt, es ist eine Show, dann hat das immer diesen negativen Touch. Ja, aber warum geben wir denn Millionen aus, um auf Konzerte zu gehen? Warum geben wir denn so viel Geld aus? Weil wir eine Show wollen. Weil wir eine gute Zeit haben wollen. Ich möchte Emotionen wecken. Mit einer Ballade möchte ich, dass du im ersten Moment an deinen Partner denkst. Oder weinend da sitzt, weil deine Mutter gestorben ist. Dass du einfach in diese Emotionen, in diese Liebe reingehst oder in diese Trauer. Das ist ja auch befreiend. Und das ist das, was ich mache. Das ist es. Da hole ich meine Kraft her und das ist so schön, weil es so universell ist."

» „Jeder Mensch lebt unter seinem Potenzial. Und jeder kann mehr erreichen, wenn er will."

MEINE PERSÖNLICHEN PERFORMANCEHACKS

Wenn du deine Lieblingshacks benennen könntest, mit denen du deine Bestleistung rausbringst, welche wären das?

„Wenn es nicht einfach geht, geht es einfach nicht. Die größten Hits, die Welthits haben zwei Akkorde. Da ist nichts, das ist lalala, lilili, lololo. Kann jeder Mensch mitsingen, Welthits. Das muss keine Oper sein. Also eine Oper wurde noch nie im Radio ein Welthit. Wir denken immer zu kompliziert. Ein weiterer Hack lautet: Outstanding ist das neue Normal. Herausragend ist das neue Normal. Wenn du etwas normal machst, hast du normale Ergebnisse. Wir wollen keine normalen Ergebnisse. Kein Mensch will normal sein. Jeder Mensch, wenn er Multimillionär ist, hat das Zeug dazu, Milliardär zu werden, ob er das möchte oder nicht, ist seine Sache. Jeder Mensch, der unter der Brücke lebt, hat die Möglichkeit, da wegzukommen oder auch Millionär zu werden. Das ist jetzt vielleicht sehr überspitzt gesagt, aber jeder Mensch kann mehr, wenn er fokussiert und das auch möchte. Jeder Mensch kann mehr erreichen, wenn er das will, wenn es sein Ziel ist, als das, was er zurzeit tut. Und deswegen sage ich: Jeder Mensch lebt unter seinem Potenzial. Jeder. Das heißt nicht, höher, schneller, weiter, jeder muss Millionär werden. Da will ich gar nicht hin. Aber wir geben uns sehr oft mit etwas zufrieden, was gut ist. Also du solltest schon zufrieden sein mit dem, was du hast. Aber wenn du wolltest, könntest du mehr erreichen."

> » „Mein Lebensmotto ist: Für irgendwas wird es gut sein – egal, was passiert."

„Der wichtigste Hack ist ein Satz, den mir mein Vater mal mitgegeben hat. Und der war: ‚Du musst immer wissen, was du kannst, zelebriere das auch. Aber es ist viel wichtiger zu wissen, was du nicht kannst.' Und das finde ich das Wichtigste. Du musst wissen, was du kannst und mache das zu 100 % gut. Aber sei auch ehrlich zu sagen: ‚Du, das ist nicht meins.' Oft lassen wir uns auch von Kunden in eine Ecke drängen, in die wir nicht reingehören. Ich wurde zum Beispiel sehr oft als Sänger im spanischen Flamenco angefragt. Und da habe ich wirklich hoch dotierte Verträge abgesagt, weil ich gesagt habe: ‚Ihr wollt fünf

Sachen von mir. Vier davon kann ich zu 110, 120 % abliefern. Und die fünfte Sache kann ich einfach nur zu 80 oder 70 %. Und das ist nicht mein Ziel. Das ist nicht mein Level, das ich abliefern möchte.' Ich finde, das ist dann ein Moment der Größe, wieder zu sagen: ‚Lieber Herr Kunde, ganz ehrlich, ich würde Ihnen nicht gerecht werden, wenn ich das mache. Das ist nicht zu 100 % mein Metier. Ich helfe Ihnen aber gern, einen wunderbaren Kollegen zu finden. Oder vielleicht können wir eine Symbiose machen mit dem Kollegen und mit mir.' Aber das ist dann immer besser als einen auf dicken Macker zu machen und nichts dahinter."

PERSÖNLICHKEIT

Was würdest du deinem jüngeren Ich, also dem Manuel vor 20 Jahren, raten?
„Nicht zu lange überlegen. Schneller ins Handeln kommen. Das ist jetzt natürlich ein bisschen konträr zu dieser Pleitegeschichte oder zu schnell rennen und los und springen oder lieber warten. Aber ich sage, wenn ich früher nicht so viel gewartet hätte, wäre es nicht zur Pleite gekommen. Ich hätte früher reagieren müssen. Ich könnte jetzt schon viel weiter sein, wenn ich nicht zu oft gesagt hätte: ‚Ach, wird das was, wird das nichts?' Und dann waren drei Monate rum und dann war wieder ein Jahr rum. Also das würde ich meinem jüngeren Ich, ich meine, ich bin ja noch jung, aber meinem Baby-Ich, mitgeben wollen."

Wenn du eine Anzeigentafel irgendwo an einem beliebigen Ort dieser Erde aufstellen könntest, was wäre darauf zu sehen?
„Be outstanding, be you."

Hast du ein Lebensmotto, lieber Manuel?
„Ja. Mein Lebensmotto ist: Für irgendwas wird es gut sein, egal, was passiert."

Und hast du noch ein letztes Wort für die Leser?
„Verfolgt Eure Träume, sucht Euch die Hilfe, die Ihr braucht. Und wenn die Hilfe ein Mensch ist, dann ist es ein Mensch. Wenn es Google ist, dann ist es Google. Wenn es ein Buch ist, ist es ein Buch. Wenn es Spirituelles ist, dann schaut ins Universum. Also wirklich, verfolgt Eure Ziele, Ihr seid zu mehr imstande, wenn Ihr das möchtet. Das muss keiner, aber wenn Ihr möchtet, könnt Ihr alles erreichen. Und eine Bitte: Es ist fast keine Bitte, wirklich, ich schreie es schon raus: ‚Lasst Euch von niemandem erzählen, was Ihr in Eurem Leben für Euch erreichen könnt oder nicht!' Und mit Ausrufezeichen hintendran, ‚auch nicht von Euch selbst!'"

Die persönlichen Hacks von Manuel Lojo findest du im Video des Interviews (s. Abb. 4.1).

Abb. 4.1 Fast Lane Manuel Lojo

5

Schönheit mit Persönlichkeit – So tickt Miss Germany 2021: Interview mit Anja Kallenbach

> » „Jedem Menschen ist es offen, was er aus seinem Leben macht. Man muss nur die Gleise in die Richtung stellen, in die es gehen soll." Anja Kallenbach

> **Anja Kallenbach**
>
> Anja Kallenbach ist Unternehmerin, Model und Miss Germany 2021. Die Mutter zweier Töchter und leidenschaftliche Mountainbikerin, die selbst zwei Fahrradläden führt, setzte sich im Finale gegen 15 Mitstreiterinnen durch und gewann den begehrten Titel. Anjas Geschichte dreht sich jedoch nicht nur um Schönheit, sondern vor allem um Inspiration, Authentizität, Mut und Persönlichkeit. Sie macht kein Geheimnis daraus, dass ihr Lebensweg nicht immer steil bergauf verlief, sondern möchte besonders junge Frauen inspirieren, ihren Traum zu leben, ihre Ziele zu verfolgen – nicht erst später, sondern jetzt.

Ergänzende Information Die elektronische Version dieses Kapitels enthält Zusatzmaterial, das berechtigten Benutzern zur Verfügung steht. https://doi.org/10.1007/978-3-658-40052-1_5

Krafttier: Vogel

INTRO

Anja, du bist Miss Germany 2021. War das schon immer ein Traum und ein großes Ziel von dir?
„Nein, tatsächlich nicht. Ich hatte immer noch diese damaligen Schönheitswettbewerbe im Kopf, was damals Miss Germany ausgemacht hat. Diese typischen Bikini-Bilder, die man kennt von der Bühne, mit der Nummer in der Hand. Und da habe ich mich nie gesehen. Aber als ich mitbekommen habe, dass die ja einen komplett neuen Weg eingeschlagen haben, habe ich mich sofort angesprochen gefühlt, weil sie eben auf die inneren Werte schauen. Und dann habe ich mich direkt beworben."

Wofür bist du bei Miss Germany angetreten?
„Im Prinzip war seitens Miss Germany eine erfahrene Frau gesucht, die eine Geschichte erzählen und die was bewegen kann. Und das war der Grund, warum ich mich angesprochen gefühlt habe, denn ich habe ja auch einen, muss ich sagen, holprigen Werdegang hinter mir. Bei mir ging nicht alles fadengerade und nicht immer nur steil nach oben. Ich habe tatsächlich mit dem Hauptschulabschluss damals meine Schule abgeschlossen, ja, einfach deshalb, weil ich meine Freizeit und meine Freunde geliebt habe. Alles andere war für mich rundherum egal. Ich habe die Zeit genossen und mir auch keine Ziele gesetzt, sondern in den Tag hineingelebt. So kurz vor dem Abschluss habe ich gedacht: Mensch, irgendwie weiß ich jetzt gar nicht, wo ich hinmöchte. Ich weiß gar

nicht, was in drei, vier Monaten jetzt mit mir ist. Ich muss damit mal anfangen und ja, meine Ziele stecken. Und dann habe ich angefangen, mich für die mittlere Reife zu bewerben und den Realschulabschluss nachgemacht. Habe anschließend mein Abitur und mein Studium gemacht in Betriebswirtschaft und war kurz darauf eine der jüngsten Filialleiterinnen des Einzelhandelsunternehmens, bei dem ich damals angestellt war. Und das hat mich dann schon sehr stolz gemacht."

> „Bei mir ging nicht alles fadengerade und nicht immer nur steil nach oben."

„Und ich habe mein Ziel erreicht, ohne mir da selbst Steine in den Weg zu legen. Und das hat mich super glücklich gemacht. Ich habe meinen Freunden oder meiner Familie bewiesen, dass ich auch was kann. Im Prinzip möchte ich mit meiner Geschichte gerade auch jungen Mädels da draußen Mut machen, dass man sich trotzdem seine Ziele stecken soll, auch wenn nicht immer alles steil bergauf geht. Und wenn man daran glaubt, dann sind die auf jeden Fall zu erreichen. Denn jedem Menschen ist es offen, was er aus seinem Leben macht. Man muss sich nur die Gleise stellen in die Richtung, wo es hingehen soll. Und gerade auch für die Muttis ist das wichtig, weil ich habe ja dann, nachdem ich meine Kinder bekommen habe, erst wieder richtig angefangen zu leben. Vor den Kindern war ich wirklich viel aufs Arbeiten eingestellt, von früh bis abends arbeiten. Ich habe das auch mit Leidenschaft gemacht, ich war gerne auf der Arbeit und habe da mein Team motiviert von früh bis spät. Und ja, für mich war es dann eigentlich unvorstellbar, Mutti zu werden, obwohl ich eigentlich immer gerne jung Kinder bekommen wollte. Als es dann aber plötzlich so kam, ich schwanger wurde und meine Große geboren war, die Martha, hat sich mein Leben komplett gewandelt. Und ich habe auch jetzt wieder angefangen, meiner Leidenschaft mehr nachzugehen, was ich früher als Workaholic nicht gemacht habe."

Was sind deine Leidenschaften?
„Unter anderem ist es das Modeln, das habe ich auch tatsächlich erst mit 28 Jahren angefangen, nachdem die Kinder geboren waren. Dann fahre ich sehr viel Fahrrad. Das mache ich schon immer gerne, aber habe das jetzt auch wieder intensiver geübt die letzten Jahre. Das lässt sich auch mit den Kindern super kombinieren. Wenn die Kinder Fahrrad fahren, gehe ich nebenher joggen. Ich kombiniere das halt immer, um alles unter einen Hut zu bekommen. Ich laufe auch gerne mal einen Halbmarathon oder nehme an Fahrradrennen teil. Ich reise sehr gerne. Wir unternehmen auch viele Familienurlaube. Zum anderen gehen wir gerne auf Konzerte und Festivals."

Was denkst du, wenn du die Worte Erfolg und Höchstleistung hörst?
„Erfolg und Höchstleistung, ja, das kann man unterschiedlich sehen. Erfolg ist für mich im Prinzip, wenn man sein Ziel erreicht hat. Erfolg kann man nicht extern messen, finde ich. Man muss sich die Messlatte selbst legen. Es ist abhängig davon, wie hoch man seine Messlatte legt. Mein Ziel war es damals, Filialleiterin zu werden, Geschäftsführerin im Einzelhandelsunternehmen. Und ich habe mein Ziel erreicht, somit war ich für mich erfolgreich. Andere sehen sich ja in einer ganz anderen Sache erfolgreich. Oder man kann ja auch erfolgreich sein, wenn man sich sagt, man möchte mit dem Fahrrad auf den höchsten Berg in Thüringen fahren und es dann schafft. Dann war ich auch erfolgreich, weil ich mir ein Ziel gesetzt habe und mein Ziel erreicht habe."

> » „Erfolg ist für mich seine Ziele zu erreichen, egal wie hoch, wie weit, wie schnell."

Ergibt sich Erfolg von selbst oder muss man etwas dafür tun?
„Ja, absolut. Erfolg lernt man nicht auf einer Stelle, also man muss schon was dafür tun. Und Erfahrungen sammeln, das ist ganz wichtig. Man braucht auf jeden Fall Mut und nicht zu viel Angst. Man muss

vielleicht auch mal ohne Risiko an bestimmte Sachen rangehen und dann auch mit dem ein oder anderen Fehler zurechtkommen. Denn ich finde Fehler sind ja auch nicht immer nur negativ. Man lernt ja auch an Erfahrung durch Fehler, und ich finde, wenn man sich seine Ziele nicht so zerdenkt, so viel darüber nachdenkt und den Weg einfach mal geradeaus geht, kommt man viel schneller ans Ziel, als wenn man sich Steine in den Weg legt."

> „Man muss auch mal ohne Risiko an bestimmte Sachen rangehen und dann auch mit Fehlern zurechtkommen."

KLARHEIT

Ist das ein Motto von dir: Einfach machen, einfach loslegen, gar nicht so lange darüber nachdenken, einfach starten?
„Absolut. Ich bin da wirklich eine, die meistens den Kopf ausschaltet und nicht denkt, was könnte passieren, sondern einfach machen und schauen, was passiert. Denn ich finde auch dieses Zerdenken, das kostet einfach viel zu viel Zeit, sich mit Sachen zu beschäftigen, die vielleicht gar nicht passieren. Und sich da unnötig Ängste zu machen, da bin ich gar nicht der Mensch für."

> „Prioritäten zu setzen habe ich gelernt und auch damit klarkommen, wenn mal was liegenbleibt."

Welche drei Fähigkeiten durftest du in den letzten Monaten oder Jahren hinzulernen?
„Prioritäten zu setzen habe ich gelernt, denn früher war ich ein Mensch, der immer das gemacht hat, was Spaß gemacht hat oder was schnell zu

machen geht. Und jetzt habe ich aber gelernt, man muss Prioritäten setzen, entscheiden, was jetzt in dem Moment am wichtigsten ist und erstmal das angehen. Zum weiteren auch damit klarkommen, wenn man mal was liegen lassen muss. Also, wenn man nicht alles erledigen kann, weil nicht jeder Tag wie der andere ist. Und es kommen oftmals Aufgaben dazwischen. Gerade jetzt auch in der Familie. Dann ist der Tag doch nicht ganz so strukturiert, wie man es von früher kennt. Damit musste ich aber erstmal zurechtkommen. Mittlerweile kann ich das ganz gut, dass ich dann wirklich Sachen auf später verschiebe oder spontan umplane. Das habe ich auf jeden Fall dazugelernt. Und was noch? Menschenkenntnis: Einfach, dass man Menschen besser einschätzen kann, aus dem ersten Moment heraus. Weil ich in letzter Zeit auch so viele unglaublich tolle Menschen kennengelernt und was das betrifft einfach so viel dazugelernt habe."

ANTRIEB

Was machst du in den Momenten, in denen du gefühlt feststeckst?
„Wenn ich feststecke, ich muss ganz ehrlich sagen, ja, dann trage ich das nicht nach außen. Wenn ich an dem Punkt bin, wo ich mit mir unzufrieden bin oder vielleicht selbst was für mich nicht lösen kann, dann gehe ich erstmal in mich und probiere, das selbst mit mir zu lösen. Ich würde es niemals nach außen tragen. Ich war meinem Team gegenüber immer fröhlich, herzlich und motivierend. Und das hat mein Team an mir auch sehr geschätzt."

Heißt das, du machst es mit dir selbst im Inneren aus und hältst nach außen die Stimmung und die Energie hoch?
„Genau, absolut! Denn ich finde, man überträgt auch so schnell negative Energie. Und davon hat man einfach nichts, wenn das ganze Team mit negativer Energie gestimmt ist. Und deswegen würde ich das in dem Moment auf jeden Fall mit mir ausmachen und mir dann wahrscheinlich einen Plan überlegen, wenn ich alleine nicht weiterkomme, wie und mit wem ich das jetzt angehen werde oder wo ich es ansprechen werde. Bevor ich da das ganze Team verrückt mache."

ENERGIE

Was machst du, damit du jeden Tag viel Kraft und Energie hast?
„Ich gehe sehr gerne raus in die Natur, das gibt mir sehr viel Kraft. Wenn ich nach so einer Runde Joggen nach Hause komme, dann habe ich das Gefühl, meine Batterien sind wieder auf 100 %. Ebenso beim Fahrradfahren. Wenn ich einfach aus dem Wald komme, an der frischen Luft war, bin ich wieder super motiviert und gehe dann auch ganz anders an meine Aufgaben heran. Zum anderen ist für mich auch ausgewogene Ernährung sehr wichtig. Ich sage immer, man muss auch auf den Körper hören, was der gerade möchte. Ich bin keine Freundin von Diäten oder von bestimmten Ernährungsweisen, sondern ich denke, man muss einfach auf den Körper hören. Wenn der sagt, ich brauche jetzt ein Stück Schokolade, dann braucht er es eben."

PRODUKTIVITÄT

Strukturierst du deinen Tag? Hast du To-do-Listen oder wie bringst du alles unter einen Hut?
„Ich halte mir wirklich vor Augen, wo liegt jetzt die Priorität? Was ist heute am wichtigsten? Und das sind meistens so zwei, drei Termine, wichtige Termine, die man sich setzt. Mehr soll man sich ja eh pro Tag nicht setzen. Und wenn dann natürlich zwischendurch noch ein bisschen Zeit ist für was anderes, wo die Priorität nicht so hoch ist, ist es natürlich umso besser. Aber ich glaube, ich schaffe es ganz gut, den Tag so zu planen, auch wenn es nicht immer super strukturiert ist. Ich sitze abends nicht vor dem Fernseher. Wenn meine Kinder im Bett liegen, beschäftige ich mich noch mit Sachen, die tagsüber liegen geblieben sind oder mit der Vorbereitung für den nächsten Tag. Zum anderen ist es auch wichtig, Sachen zu verbinden, wie das, was ich vorhin schon gesagt hatte: Familienzeit und Sport kann man super verbinden. Ich gehe joggen, die Kinder fahren mit dem Fahrrad nebenher. So hat man

einen schönen Familiennachmittag und seinen Sport schon erledigt. Oder den Sport eben mit der Arbeit, mit dem Arbeitsweg verbinden, das sind so Sachen, wie man absolut Zeit sparen kann, und die nutze ich. Natürlich bleiben bei mir auch die Wäschekörbe mal stehen und die Spülmaschine einen halben Tag nicht ausgeräumt, das will ich jetzt gar nicht verleugnen. Willkommen im wahren Leben. Das ist halt so und darf auch ruhig so sein. Wenn mir manche Aufgaben eben wichtiger sind, wie jetzt die Vorbereitung auf das Interview oder die Fanpost zu beantworten, dann lebe ich auch gerne den Tag aus dem Wäschekorb, das ist mir dann wirklich egal, weil die Wäsche dann nicht die höchste Priorität hat. Und so kommt man, glaube ich, ganz gut durch den Tag."

> » „Ich bringe Struktur in meinen Tag, indem ich mich frage: Wo liegt jetzt die Priorität, was ist heute am wichtigsten?"

EMOTIONALE STABILITÄT

Du hast gesagt, ein Credo ist es von dir, keine Angst zu haben und sich selbst keine Steine in den Weg zu legen. Manchmal haben wir jedoch emotionale Rückschläge. Was machst du in solchen Momenten? Wie versetzt du dich wieder in ein gutes Gefühl?
„Ja entweder höre ich dann gute Musik, die mich bei Laune hält oder positiv stimmen lässt. Oder ich schnüre die Laufschuhe und gehe in den Wald. Und danach ist alles wieder vergessen. Ich glaube, so richtig negativ, so richtig gereizt erlebt man mich sehr selten. Wenn ich mal eine leicht patzige Antwort gebe, dann merkt man schon: Okay, jetzt ist sie unzufrieden mit sich. Heute ist irgendwas nicht so richtig gut gelaufen. Aber, dass ich jetzt so richtig negativ gestimmt bin, ich glaube das gibt es bei mir tatsächlich nicht."

Du klingst nach viel Lebensfreude und Leichtigkeit. Ist es ein Stück weit ein Erfolgscredo von dir?
„Ja, absolut. Ich bin auch immer die Optimistische und Lebensfrohe, Humorvolle. Ich habe in letzter Zeit oftmals das Gespräch mit meinen Freundinnen gesucht, weil wir uns auch bei Miss Germany öfters einschätzen sollen. Und wer kann das besser als Menschen, mit denen man sich fast täglich umgibt? Und da habe ich oft meine Freundinnen gefragt: ‚Was schätzt Ihr denn an mir?' Und ihre Antwort war, dass ich immer gut drauf bin, dass ich immer lebensfroh, immer positiv gestimmt und spontan bin."

MUT

Lieber Anlauf nehmen und springen oder erstmal warten, Anja?
„Springen. Egal, wie hoch, egal wie weit, ich springe. Da sind wir wieder bei dem Thema, dass ich eben nicht darüber nachdenke, was könnte jetzt passieren, wie weit würde ich fallen, sondern ich denke, es haben schon so viele gemacht, dann ist es bestimmt total cool, ich muss das auch machen. Das ist dann erst so mein Motto, einfach mal machen und schauen, wie sich es anfühlt. Denn ich denke, der Schritt zurück ist schneller gegangen als der Schritt vorwärts und deswegen, ja, einfach mal die Sachen angehen."

» „Steine, die sich einem in den Weg legen, sind ja nicht nur negative Erfahrungen, sondern auch positive, aus denen man einfach lernen kann."

Was machst du, wenn sich Hindernisse in den Weg stellen?
„Die überspringe ich. Ich ziehe immer das Positive aus den ganzen Sachen. Steine, die sich einem in den Weg legen, das sind ja nicht nur

negative Erfahrungen, sondern meistens auch positive, aus denen man einfach lernen kann. Also das Positive daraus mitnehmen und weitermachen auf dem Weg ans Ziel."

EINFLUSS

Du bist als Miss Germany auf vielen Bühnen unterwegs, du begeisterst und inspirierst die Leute. Du bist ehrenamtlich tätig. Wie schaffst du es, Menschen positiv zu beeinflussen, zu überzeugen und mitzureißen?

„Ich muss ganz ehrlich gestehen, ich bin ein Freund vom Vorleben. Ich mag Leute nicht, die große Sprüche machen, aber nichts tun oder selbst gar nicht so sind, wie sie es gerne hätten. Und deswegen möchte ich einfach mit meiner optimistischen mutigen Art überzeugen. Indem ich sage, ‚Ja, ich bin ehrenamtlich tätig und das kann jeder und dafür findet man immer Zeit'. Ich lebe vor, indem ich Sportarten mache, die vielleicht nicht so typisch für Frauen sind, wo ich sage: ‚Setz dich doch mal aufs Fahrrad.' Ich bekomme Feedback von vielen Freunden, die mittlerweile auch mit mir Mountainbike fahren, die das zuvor nie gemacht hätten und sagen: ‚Wenn du nicht wärst, hätte ich mich das wahrscheinlich nie getraut.' Oder es gibt auch Mamas, die sagen: ‚Ach, wenn ich so aussehen würde wie du nach der Schwangerschaft oder wenn ich wüsste, ich wäre auch so lebensfroh, nachdem ich Mama bin.' Dann antworte ich einfach: ‚Ja, warum solltest du es nicht sein?' Genau das lebe ich vor. Ich bin zweifache Mama und ich habe genug Zeit für meine Leidenschaften, ich habe auch noch Zeit, nebenbei Miss Germany zu sein. Also macht das bitte genauso. Das meine ich, wenn ich sage, dass ich ein Freund vom Vorleben bin."

» „Ich bin ein Freund des Vorlebens."

Hast du selbst Vorbilder?
„Ja, für mich ist ein absolutes Vorbild Karo Kauer, die ist Influencerin, auch Zweifach-Mama, hat nebenbei ein Modelabel gegründet, ist total erfolgreiche Unternehmerin. Ich folge ihr schon zwei bis drei Jahre auf Instagram. Und ich gucke jeden Tag rein, schau, was sie macht und lasse mich total gerne von ihr inspirieren. Und sie lebt genauso, wie ich es gerne hätte oder wie ich teilweise auch selbst lebe – vielleicht auch, weil ich es mir schon abgeschaut habe bei ihr. Ja, sie ist einfach in jeder Hinsicht inspirierend, ob das daheim ums Interieur geht, um Fashion und Livestyle oder um die Familienmama oder ihr Unternehmen. Mein Mann und ich haben ja nun auch zwei Bike-Shops, wir sind ja auch Unternehmer. Ja, ich lasse mich da einfach sehr gerne von ihr inspirieren."

Findest du es wichtig auch aktiv Feedback von anderen zu suchen, damit man sich weiterentwickelt?
„Ja, absolut. Ich finde es ist gut, wenn man sich selbst einschätzen kann, aber es ist auch absolut super, mal ein Feedback von anderen zu bekommen. Das fand ich ja unter anderem auch so schön: In dem Finale dieses Jahr haben wir, die Top Vier, uns auf der Bühne so eine, wir haben es Liebesdusche genannt, gegeben. Wir Kandidatinnen mussten uns quasi gegenseitig Komplimente machen. Wir mussten nicht, aber wir durften uns gegenseitig Komplimente machen und sagen, was wir an dem anderen schätzen. Und das war so schön und auch gleichzeitig interessant, einfach mal um zu sehen, wie andere einen einschätzen. Und das nicht nur langjährige Freundinnen, sondern auch Menschen, die man erst seit 14 Tagen kennt. Das war für mich ein sehr schöner Moment."

MEINE PERSÖNLICHEN PERFORMANCEHACKS

Wenn du einen Hack nennen könntest, um das Allerbeste aus dir herauszuholen, welcher wäre das?
„Ich finde es ja gar nicht wichtig, jeden Tag Spitzenleistung zu zeigen, sondern ich finde es wichtiger, dass man abends glücklich ins Bett

geht. Man sollte das machen, was einen glücklich macht und nicht das, wo man denkt, ich habe heute Höchstleistung vollbracht. Ja und auch einfach mal auf sich hören und nicht immer nur auf andere, denn wir selbst müssen glücklich sein mit dem, was wir tun. Wenn ich auf andere gehört hätte und nicht auf mich, hätte ich wahrscheinlich viele Sachen in meinem Leben nicht gemacht. Das ist für mich einfach das Allerwichtigste. Und das ist auch die größte Freiheit, die man haben kann. Damit meine ich, dass man sich von Meinungen anderer nicht so beeinflussen lassen soll wie von seiner eigenen."

> » „Man sollte das machen, was einen glücklich macht."

PERSÖNLICHKEIT

Wenn du die Anja von vor zehn Jahren nochmal treffen würdest, was würdest du ihr sagen?
„Mach es genauso, wie du es bisher gemacht hast. Ich hätte jetzt nichts geändert, denn im Leben kommt alles so, wie es sein soll. Ich bin einen guten Weg gegangen, mit dem ich sehr zufrieden bin, und deswegen würde ich jetzt nichts verändern wollen."

Was war das Netteste, was jemals jemand für dich getan hat?
„Da gibt es ja viele Sachen, aber das Netteste? Ja, wenn ich jetzt so ein paar Tage zurückdenke, der Support, den ich in dieser Zeit zur Wahl der Miss Germany und auf meiner Reise bekommen habe, von meiner Familie und meinen Freunden. Es hat überhaupt nicht zur Debatte gestanden, ob ich überhaupt zwei Wochen ohne meine Kinder schaffe. Nein, im Gegenteil, ich habe so viele Nachrichten bekommen. ‚Gib mir Bescheid, ich hole deine Kinder gerne vom Kindergarten ab.' Meine Freunde, meine Familie, die haben mich da so unterstützt, das ganze Dorf stand ja Kopf. Die haben mich ja hier super empfangen. Da war

5 Schönheit mit Persönlichkeit – So tickt Miss Germany 2021 ...

alles geschmückt und sie haben mir noch ganz liebe Videos zukommen lassen vor dem Finale mit Glückwünschen. Und das ist für mich einfach unfassbar, wenn man so einen Rückhalt hat von Freunden und der Familie."

Wo ist der schönste Ort, wo du Kraft auftanken kannst?
„Der schönste Ort, wo ich Kraft auftanken kann, ist im Urlaub mit meiner Familie, wenn man mal richtig vom Alltag abschalten kann. In den Bergen auf jeden Fall, da bin ich sehr gerne, auch zum Wandern oder zum Snowboardfahren. Und natürlich im Wald. Also die Natur allgemein spielt für mich eine große Rolle."

Und hast du ein Lebensmotto?
„Lebe deinen Traum, verfolge deine Ziele – nicht erst später, sondern jetzt."

Die persönlichen Hacks von Anja Kallenbach findest du im Video des Interviews (s. Abb. 5.1).

Abb. 5.1 Fast Lane Anja Kallenbach

6

Von einer der jüngsten Start-up-Unternehmerinnen Deutschlands zum Investorenmagnet: Interview mit Lena Jüngst

> „Das Schlimmste, was du machen kannst, ist, eine Entscheidung nicht zu treffen." Lena Jüngst

---

Lena Jüngst

Lena Jüngst gehört mit ihrem Unternehmen *„air-up"* zu den jüngsten und erfolgreichsten Start-up-Unternehmerinnen Deutschlands. Als Produktdesignerin ist es ihre Passion, kreativ zu arbeiten und neue Ideen zu entwickeln. Das neuste und begehrteste Produkt ihres Unternehmens ist eine Trinkflasche mit Aromakapsel: Man trinkt Leitungswasser, schmeckt aber Zitrone, Grapefruit oder Cola. Mit diesem Konzept hat sie es geschafft, einen großen Konzern zu überzeugen, Millionen in ihr Unternehmen zu investieren.

Krafttier: Eichhörnchen

INTRO

Lena, was denkst du, wenn du die Worte Höchstleistung und Erfolg hörst?
„Hm, gute Frage. Erfolg bedeutet für mich, Freiheiten zu genießen. Ich meine, man investiert sehr viel in Erfolg. Aber der große Outcome für mich oder der größte Gewinn ist, wenn man sich am Schluss Freiheiten erarbeitet, die man sonst eben nicht bekommen würde. Also in meinem Fall bedeutet das, dass ich an Themen arbeiten kann, die ich in einem Konzern nie bearbeitet hätte oder nicht hätte bearbeiten können. Also ganz anders kreativ zu werden. So würde ich Erfolg für mich definieren."

» „Erfolg bedeutet für mich, Freiheiten zu genießen."

Gibt es Eigenschaften, welche du von Zuhause mitbekommen hast und die dir geholfen haben, deine PS erfolgreich auf die Straße zu bringen?
„Ha, das ist auch eine interessante Frage. Ich bin in einer Großfamilie mit fünf Kindern aufgewachsen. Das heißt, ich glaube, was ich früh gelernt habe, ist, selbstständig mein Ding zu machen. Also ich hatte jetzt nicht die klassische Helikopter-Mami oder das Helikopter-Elternhaus, sondern ich konnte sehr schnell und sehr früh Dinge machen, die, glaube ich, andere Kinder noch nicht machen durften. Einfach,

weil wir so viele waren. Ich habe mir dann selbstständig Musikstunden organisiert oder so. Das haben andere in meinem Alter vielleicht noch nicht gemacht. Und das ist auch wichtig für mein heutiges Arbeiten. Weil in einem Start-up wirst du irgendwann merken, dass dir keiner Aufgaben zuträgt oder dir das vorfiltert. Sondern du musst dich in so einem ständig wechselnden, sehr dynamischen Umfeld zurechtfinden und dann selbst deine Prioritäten definieren und angehen."

Gab es Wendepunkte in deinem Leben, die sich im damaligen Moment wie Krisen anfühlten, dann aber etwas sehr Gutes hervorgebracht haben?
„Ja, sicherlich. Kurz bevor wir uns entschlossen haben, mit *air-up* wirklich anzufangen und da viel Zeit zu investieren, das in Vollzeit zu machen, hatte ich ja für mich schon die Frage gestellt: ‚Will ich das oder will ich das nicht?' Und ich habe zu dem Zeitpunkt bei Philips, das war direkt nach dem Bachelor, erst ein Praktikum gemacht. Ich hätte dort auch die Möglichkeit auf eine Festanstellung gehabt, und das wäre eine sehr gute Option für mich gewesen. Und ja, ich sage mal, es ist gar nicht mehr so einfach, als Produktdesigner heute was zu finden, weil die Produkte immer digitaler werden und so. Es war ein gutes Angebot und ich habe mir schon die Frage gestellt: ‚Werde ich das jetzt bereuen? Ja oder nein?' Bin dann so in moralischen Konflikt mit mir selber gekommen. Wenn man Produkte kreiert, wie bei Philips z.B., die machen halt viel Consumer Electronics, einfach Haushaltsprodukte – in allen Bereichen. Sie machen Beauty-Produkte, Staubsauger, was weiß ich. In diesen Produktkategorien, finde ich, werden zu wenig Zeit und Gedanken investiert, welche Konsequenzen diese Produkte für unsere Umwelt und Gesellschaft haben. Und da habe ich mir gedacht: ‚Okay, wenn ich mal wirklich etwas selbst machen will und wenn ich meine eigenen Ideen und Ideale einbringen will, dann muss ich es wohl mit einem eigenen Produkt probieren.' Und dann habe ich mich dazu entschlossen, *air-up* wirklich Vollzeit zu machen und habe das auch nicht bereut. Das war zwar schon irgendwie so eine kleine Krise, weil ich mir dachte: ‚Ja, liegt meine Zukunft im Konzern? Oder mache ich mich selbstständig? Und kann ich das? Will ich das?' Und dann am Schluss hat es sich ja zum Guten gewendet. Für mich auf jeden Fall."

» **„Will ich das oder will ich das nicht?"**

KLARHEIT

Du sprichst es gerade so schön an. „Kann ich das? Will ich das?" Welche drei Fähigkeiten durftest du in den letzten Jahren lernen?
„Ich glaube, Disziplin. Ich war nie ein wahnsinnig disziplinierter Mensch. Ich meine, als Kreative behält man sich das doch manchmal so vor, dass man Freigeist ist und sich nicht so an Systeme anpassen muss – an Arbeitszeiten zum Beispiel. Und das musste ich mir schon hart antrainieren. Also, dass ich einen festen Arbeitstag habe. Dass ich Projektmanagement-Tools verwende. Dass ich, ja, zuverlässiger werde und so Geschichten. Was habe ich mir noch angeeignet? Ich glaube, ich habe mir einen Pragmatismus angewöhnt. Den bekommt man auch nicht als Gestalterin mit auf den Weg. Da ist man wahnsinnig detailverliebt, man ist auch manchmal unvernünftig in seinen Entscheidungen. Das macht auch Sinn, damit bleibt man innovativ und macht vielleicht Dinge, die ungewöhnlich sind. Aber in einem Start-up muss man auch irgendwann mal eine Entscheidung treffen. Und dann muss man sie auch manchmal zugunsten der Praktikabilität oder zugunsten eines geringeren Ressourcenaufwands treffen. Also, das musste ich mir antrainieren. Das habe ich aber auch gelernt und verinnerlicht. Und die letzte Eigenschaft schlägt in dieselbe Kerbe. Das Thema Priorisieren, sich immer die Frage zu stellen: ‚Was ist jetzt am relevantesten?' Ich war gewohnt, immer eigenständig zu arbeiten, sich selbstständig irgendwie sein Problem zu suchen und dafür eine Lösung zu finden. Aber in einem Alltag, wo du so viele Aufgaben hast, die du für dich selber strukturieren musst und alles ist dringend, da musst du dir immer extrem konsequent die Frage stellen: ‚Welche Aufgabe ist am wichtigsten?' Und dich auch daran gewöhnen, dass man nicht alles schaffen kann. Und ja, das habe ich auch gelernt in der Zeit."

> "Priorisieren heißt, sich immer die Frage zu stellen: Was ist jetzt am relevantesten?"

Wenn du ein Ziel vor Augen hast, nehmen wir an, du willst ein neues Produkt generieren, was hilft dir dabei, auch beim Ziel anzukommen und es zu erreichen?
„Am Anfang finde ich sehr wichtig, dass man sich erst einmal dieses Ziel definiert, dass du quasi einen Projektrahmen definierst, in dem du arbeiten willst und dann Zwischenschritte auch errichten kannst. Je komplexer, je größer das Projekt ist, desto schwieriger ist es, abzuschätzen, wann dieses Ziel erreicht sein wird und was das alles mit sich bringt. Das heißt, du musst es sehr schnell aufschlüsseln können, welche Unteraufgaben sich darunter verbergen. Und dann kann man viel besser einen Zeitplan erstellen und auch sicherstellen, dass dieses Ziel irgendwann erreicht wird. Weil man schon beim Kick-off des Projekts versteht, welche Abhängigkeiten sich daraus ergeben. Und wem man Bescheid sagen muss, von wem man Input braucht oder was man vorab bestellen muss, das sind ja alles auch Themen, die einem dann schnell auf die Füße fallen, wenn man das Anfangsbriefing nicht konsequent erstellt."

ANTRIEB

Was machst du in Momenten, wo du feststeckst, wo nichts vor- und zurückgeht? Kennst du solche Momente?
„Ja, ja, ja, voll. Das ist ja auch immer wieder die Frage an Designer: ‚Wie garantierst du, dass du konstant kreativ bleibst?' Ich meine, das kann man meistens gar nicht so garantieren. Und es gibt immer wieder die Momente, wo man steckenbleibt. Was mir total hilft, ist, dass ich mich herausnehme. Also, dass man aus diesem Hamsterrad, in das man schnell hinein verfällt, herauskommt und einen Schritt zurück macht und sagt: ‚Ja, jetzt nehme mir mal kurz die Zeit, mache vielleicht eine

Pause, gehe raus.' Und dann ergeben sich wieder neue Gedanken. Dadurch kommt man meistens aus dieser Einbahnstraße, in die man sich manchmal hineinbegibt, wieder heraus."

> » „Wie garantierst du, dass du konstant kreativ bleibst? Nimm dich aus dem Hamsterrad heraus!"

ENERGIE

Ihr habt mit air-up ein innovatives und duftbasiertes Trinksystem entwickelt, das einfachem Trinkwasser nur durch Duft Geschmack verleiht. Wasser ist das Gesündeste, was man trinken kann. Was tust du für deine Gesundheit? Lebst du sehr gesund und asketisch?
„Oh Gott, nein! Also nein, ich (*lacht*) glaube, das Schöne an dem Produkt ist, und das begeistert mich immer noch, dass es sehr menschlich gedacht ist. Denn ich glaube, auch wenn wir gerne oft von uns selber denken würden, dass wir super diszipliniert sind und super gesund und super nachhaltig leben, es uns dennoch allen schwerfällt. Das liegt in unserer Natur. Und das Produkt holt ja den Menschen bei seinen Bedürfnissen ab – nach dem Bedürfnis nach Geschmack und nach Erlebnis, nach Convenience."

> » „Wir stellen uns immer die Frage: Ist es auch wirklich verantwortungsvoll, was wir hier machen? Ja oder nein?"

Der Nachhaltigkeitsgedanke ist dir sehr wichtig, oder?
„Ja. Ich glaube, er ist uns als Gründerteam, als Firma wichtig, ist mir persönlich wichtig, aber ist auch unseren Kunden wichtig. Und da haben wir mit unserem ersten Produkt einen ersten Schritt in die

richtige Richtung gemacht. Da kann man sicher vieles noch deutlich besser machen. Aber das haben wir jetzt auch sehr stark in unserer Firmenkultur implementiert. Wir haben auch Unternehmenswerte definiert, die sicherstellen sollen, dass wir uns immer an relevanten Punkten die Frage stellen: ‚Ist es auch wirklich verantwortungsvoll, was wir hier machen? Ja oder nein?' Natürlich nicht nur auf die Umwelt bezogen, sondern auch auf andere Aspekte. Ja, ich glaube, jedes Unternehmen, das heute Produkte fertigt, sollte sich die Frage danach stellen, weil es immer mehr an Bedeutung gewinnt."

Was machst du in den ersten 60 Minuten und in den letzten 60 Minuten deines Tages?
„Oh, das sind alles sehr gute Fragen. In den ersten 60 Minuten, da kommen wir vielleicht zu meinem super gesunden Lebensstil (*lacht*). Nein, ich stehe auf und ich habe so einen guten französischen Bäcker bei mir um die Ecke. Im Normalfall hole ich mir ein Croissant, ein richtig gutes, und einen Kaffee. Und dann fange ich an zu arbeiten. Jetzt im Moment hier im Homeoffice, davor war das ein bisschen anders. Da bin ich immer in die Arbeit geradelt. Also dieses Croissant und der Kaffee sind so mein Ritual. Und abends immer unterschiedliche Sachen. Manchmal lese ich, manchmal telefoniere ich. Manchmal vergeude ich meine Zeit auf irgendwelchen Social-Media-Apps, was ich auch nicht mehr so toll finde."

> » „Ich habe versucht, diverse Apps von meinem Handy zu löschen, weil ich viel zu viel Zeit damit verbringe."

PRODUKTIVITÄT

Das Löschen der Apps macht doch unfassbar produktiv, oder? Das ist eine gute Variante, wie man Ablenkung vermeidet. Was meinst du?
„Ja, weil es ist wirklich so ein Automatismus. Ich habe das schon festgestellt, während Corona, wo man dann auch mehr Zwischenzeit hat.

Wenn du in der Arbeit bist und mal fünf Minuten Zeit hast, dann quatschst du mit deinen Nachbarn oder holst dir da einen Kaffee. Oder, was weiß ich, gehst kurz raus oder so. Und wenn ich zu Hause bin, dann hängt man irgendwie so automatisch am Handy. Genau, und das versuche ich gerade zu reduzieren (*lacht*)."

Wie viele Stunden arbeitest du am Tag und wann ist deine kreativste Zeit?
„Ich würde mal schätzen, zehn bis zwölf Stunden. Ich arbeite schon viel, allerdings ist es etwas sehr Schönes im Moment, dass wir sehr viel flexibler geworden sind. Also, wie gesagt, ich gehe dann mal zwischendurch ins Café und hole irgendetwas oder ich gehe mittags joggen. Oder wenn ich gerade kein Meeting habe und müde bin, dann mache ich mal ein Nickerchen. Mein Tagesablauf ist nicht mehr so geordnet wie er davor war, was Vor- und Nachteile hat. Manchmal ärgere ich mich dann auch, weil ich abends mehr Zeit gehabt hätte, wenn ich die eine Stunde Pause zwischendrin ausgelassen hätte. Und meine kreativste Zeit ist entweder ganz in der Früh oder abends. Also, wenn ich Ruhe habe und nicht immer wieder herausgerissen werde. Ich finde, für Kreativität braucht man Ruhe. Damit man mal so seinen Gedanken nachhängen kann und das auch für sich ordnen kann, ohne dass man alle fünf Minuten irgendwie von jemandem angeschrieben wird, nach etwas gefragt wird oder irgendein Task aufpoppt und man irgendetwas sofort erledigen muss."

Das heißt, du versuchst, in der Zeit möglichst Ablenkung zu vermeiden, den Fokus zu halten und das so zu optimieren, dass du ein Zeitfenster suchst, in dem automatisch weniger Leute an dir zerren?
„Ja, das ist natürlich nicht optimal, ich meine ganz in der Früh geht es noch. Abends ist man schon gar nicht mehr so produktiv. Das habe ich früher anders gedacht. Ich dachte, als Designer muss man abends seine produktivste Zeit haben. Das lag aber einfach daran, weil ich meinen Alltag nicht so schön diszipliniert geordnet habe. Deswegen habe ich das dann abends oft gemacht. Wir sind jetzt aber gerade auch als Unternehmen daran, dass wir mehr Freiräume schaffen für das ganze Unternehmen. Dass man so Blöcke im Kalender hat, wo keine Meetings

eingestellt werden dürfen. Wo man am besten nicht gestört werden soll, wo man nicht sofort antworten muss, damit man mal den Kopf frei hat für strategische und kreative Aufgaben."

Wartest du, bis du von der Muse geküsst wirst, um kreativ zu sein, oder kann man auch kreativ und produktiv zeitgleich sein?
„Ja, vielleicht beides. Als Designer lernt man irgendwann, sich Prozesse anzueignen, die einem helfen, kreativ zu sein. Das heißt, man setzt sich einen Rahmen, in dem man kreativ werden kann. Man steckt sich einen sehr kleinen Bereich ab, in dem man dann Ideen entwickelt oder so. Weil im Normalfall, wenn du dich hinsetzt und über eine Riesenfragestellung nachdenkst, kannst du in unterschiedlichsten Richtungen was machen. Aber am Schluss löst es vielleicht gar nicht dein Problem. Du versuchst, dir am Anfang diesen Rahmen zu stecken und dann innerhalb dieses Rahmens quasi kreativ zu werden – und das hilft schon enorm, Zeit einzusparen. In diesem Rahmen hat man kreativere Phasen und weniger kreative. Und manchmal muss einen die Muse küssen, damit man den richtigen Gedanken hat. Aber es ist auch interessant, das habe ich kürzlich gelesen, wann die Gehirnregion, die für diese kreativen, abstrakten Fragestellungen relevant ist, anspringt. Und anscheinend kann man das steuern. Wenn man sich ganz lange auf einen nahen Punkt vor dem Gesicht konzentriert und fokussiert und dann in die Ferne den Blick schweifen lässt, dann springt diese Gehirnregion an. Das spricht auch dafür, dass man, wenn man den ganzen Tag vor dem Rechner sitzt, manchmal eben diesen Spaziergang braucht, um den Blick schweifen zu lassen, um das Ganze zu sehen. Und dann wird auch diese Gehirnregion aktiv."

EMOTIONALE STABILITÄT

Man sieht dich in der Presse oft lächelnd, du strahlst immer auf Bildern. Gibt es Momente, wo du dich auch mal nicht gut fühlst und was machst du dann?

„Klar gibt es die Momente. In so einem Start-up bewegt man sich ja schon manchmal in so einer Blase und es kann viel werden. Und man ist gestresst oder man stellt sich die Frage: ‚Ja, lohnt sich das? Will ich das? Habe ich mir das so vorgestellt?' Und zweifelt vielleicht an der einen oder anderen Sache. Und sich da herauszunehmen hilft immer am allermeisten. Und ich finde, manchmal lohnt es sich, wenn man sich aus dieser Blase hinausbewegt und mal Freunde trifft oder Familie und so weiter. Und sich dann denkt: ‚Na ja, gut, wenn das jetzt nicht klappt, dann geht die Welt auch nicht unter.' Und wenn man sich einen Perspektivenwechsel gönnt, das hat mir immer am allermeisten geholfen. Ich habe auch zum Beispiel ein Coaching eine Zeitlang gemacht und habe für mich festgestellt, dass es super, super schön ist, mal seine ganzen komplexen Probleme mit jemandem zu besprechen und da einen anderen Blick darauf zu bekommen, sich Dinge mal zu ordnen und so. Also, dieser Perspektivwechsel hat mir immer am meisten geholfen."

> » „Am besten ist, du entscheidest dich wirklich ganz radikal für einen Weg."

MUT

Du bist Unternehmerin und musst täglich Entscheidungen treffen. Wie gehst du mit Risiken um und was hilft dir, mutig zu sein?
„Ja, ehrlich gesagt, wahrscheinlich ist es eine sehr einfache Antwort. Man darf manchmal gar nicht zu sehr, zu lange darüber nachhirnen. Je länger man darüber nachdenkt, desto größer wird das Risiko. Und das hält einen dann vielleicht auch manchmal ab von so einer Entscheidung. Was ich gelernt habe, ist: Das Schlimmste, was du machen kannst, ist, eine Entscheidung nicht zu treffen und so einen mittigen Weg zu gehen. Wenn man sagt: ‚Na ja, okay. Können da ja irgendwie einen Kompromiss machen.' Man versucht, beide Wege zu vereinen. Das geht immer nach hinten los. Also ich habe irgendwann gemerkt,

okay, am besten ist, du entscheidest dich wirklich ganz radikal, für einen Weg. Den kannst du dann aber im Normalfall auch immer wieder nachoptimieren, wenn du merkst, das klappt nicht. Dann musst du nochmal überlegen, ob das die richtige Entscheidung war und dann vielleicht einen anderen Weg einschlagen. So kann man vielleicht iterativ relativ schnell vorwärtsgehen. Aber die Entscheidung immer hinauszuschieben, das funktioniert nicht."

> » „Ich finde es ganz wichtig, scheitern zu dürfen."

Ist Scheitern denn erlaubt?
„Ja, hundertprozentig! Ich finde es ganz wichtig, scheitern zu dürfen. Ich meine, das ist ja mittlerweile fast ein geflügeltes Wort. Aber ich finde es tatsächlich auch wichtig, dass Mitarbeiter das Gefühl haben, sie dürfen scheitern oder mal eine falsche Entscheidung treffen. Weil nur dann garantierst du, dass die Leute innovativ bleiben. Das Problem ist, wenn alle Angst haben, die falschen Entscheidungen zu treffen, werden sie immer den sichereren Weg gehen. Und das bedeutet im Normalfall, Dinge zu machen, wie es andere schon davor gemacht haben, damit es einem nicht auf die Füße fällt. Und das ist halt eine totale Innovationsbremse. Deswegen finde ich das ganz wichtig, eine Kultur aufzubauen, wo Scheitern erlaubt ist."

EINFLUSS

Wie hast du es geschafft, dass ein riesengroßer Konzern Millionen in dein Unternehmen investiert hat?
„Ich glaube, es lag daran, dass wir ein Produkt kreiert haben, das sehr erfolgreich geworden ist. Wir hatten am Anfang schon den Punkt, dass uns immer wieder Leute aus der Industrie gesagt haben: ‚Na ja, ist ja jetzt eine ganz nette Idee, aber ob das am Schluss angenommen wird

vom Markt? Mal schauen. Wir glauben es eher nicht. Ist ja schon sehr kompliziert und das ist erklärungsbedürftig und bla, bla, bla.' Und am Schluss, ja, haben uns die Zahlen und der Erfolg recht gegeben. Und da wurden wir dann auf einmal interessant für ganz viele größere Unternehmen, die dann angeklopft haben. Unter anderem eben Pepsi, was natürlich ein Ritterschlag ist. Das hat uns natürlich wahnsinnig gefreut, vor allem, weil wir zu dem Zeitpunkt auch nur in Deutschland aktiv waren."

> » „Unser diverses Team ist unsere größte Stärke und Schwäche zugleich."

Ihr seid ein relativ heterogenes Gründerteam. Wie wichtig ist es, Menschen um sich zu haben, die sich beflügeln, unterstützen und auf das nächste Level bringen?
„Das finde ich das Allerallerwichtigste. Es ist nicht immer einfach. Unser diverses Gründerteam ist unsere größte Stärke und gleichzeitig unsere größte Schwäche, weil es am Anfang natürlich für viele Diskussionen sorgt. Man ist sich nicht immer einig. Es ist nicht immer ein ‚Ja, wir machen es so', und alle sagen ‚Ja und Amen', sondern es wird schon manchmal anstrengend. Und jeder bringt seine eigene Perspektive mit ein und Erlebnisse und so weiter und so fort. Aber am Schluss war das sicher ein Schlüssel für den Erfolg, den wir haben. Also, ich glaube, wir ergänzen uns sehr gut."

Hast du Vorbilder?
„Ehrlich gesagt hatte ich nie so wirklich Vorbilder. Vielleicht ist der Grund, dass es gar nicht so viele Produktdesignerinnen gibt. Jetzt als Unternehmerin, da gibt es schon viele Unternehmer. Es gibt viele Unternehmerinnen, die auch super interessante Gedanken haben und Dinge ganz erfolgreich machen. Aber ich greife mir gerne immer aus ganz unterschiedlichen Bereichen Inspirationen ab und versuche, sie

dann für mich zu kombinieren. Das heißt, ich schaue in ganz unterschiedliche Bereiche und habe jetzt nicht ein Vorbild, dem ich total nacheifere."

MEINE PERSÖNLICHEN PERFORMANCEHACKS

Wenn du einen persönlichen Hack nennen könntest, der dir hilft, das Allerbeste aus dir herauszuholen, welcher wäre das?
„Ich glaube, den Druck herausnehmen an der richtigen Stelle und den Druck wieder hereinholen an der richtigen Stelle. Ja, das ist sehr komplex. Ich weiß nicht, wie man es beschreiben soll. Aber es geht auch wieder darum, sich am Anfang den richtigen Rahmen zu setzen, also genug Zeit zu haben, sein Projekt, seine Problemstellung zu durchdenken. Und am Schluss, wenn es darum geht, schnell Entscheidungen zu treffen, die dann auch zeitgerecht treffen zu müssen und sich da ein gewisses zeitliches Ziel zu setzen und dann arbeitet man manchmal auch unter Druck besser und effizienter."

> » „Es wird weniger anstrengend, wenn es Spaß macht."

Du erbringst jeden Tag Spitzenleistungen. Du versuchst, mit Exzellenz das beste Produkt zu kreieren. Ist das immer anstrengend oder kann das auch einfach gehen?
„Es wird weniger anstrengend, wenn es Spaß macht. Und es macht mehr Spaß, wenn man in den Bereichen aktiv werden kann, die einem liegen und die einen interessieren. Ich glaube, das ist dann die richtige Mischung, Stärken und Schwächen richtig zu nutzen. Und Erfolgserlebnisse machen es dann einfacher und ja, davon haben wir im Moment sehr viele. Deswegen macht es auch Spaß."

PERSÖNLICHKEIT

Was würdest du deinem jüngeren Ich raten?
„Ich würde sagen: ‚Steh zu dir selbst.' Ich glaube, dass man viel zu schnell an sich selbst zweifelt und das aber am allermeisten bereut, wenn man nicht Dinge macht, wie man sie vielleicht automatisch gemacht hätte. Ich würde sagen: ‚Bleib du selbst. Bleib wie du bist. Das passt.'"

Wenn du eine riesengroße Anzeigentafel irgendwo auf dieser Welt hinstellen könntest, was würde darauf stehen?
„Lieber extreme Höhen und Tiefen als langweilige Mitte."

Was ist der schlechteste Rat, der häufig erteilt wird?
„Mach nicht zu lange! Als ich Praktikantin war, wurde das oft gesagt: ‚Ach, mach nicht so lange. Stress dich nicht so rein.' Aber wenn es am Schluss nicht gepasst hat, dann hatte man ein Problem."

Wenn du eine gute Fee treffen würdest und einen Wunsch frei hättest, welcher wäre das?
„Schaff den Klimawandel ab. Das wäre schon handlich."

Die persönlichen Hacks von Lena Jüngst findest du im Video des Interviews (s. Abb. 6.1).

Abb. 6.1 Fast Lane Lena Jüngst

7

Auf dem Erfolgstreppchen ganz oben – Der Weltmeister im Zeitfahren mit internationalen Elitesiegen: Interview mit Tony Martin

> „Immer nach vorne schauen, niemals nach hinten. Nach vorne schauen, Ziele ausmachen und für die Ziele kämpfen." Tony Martin

Tony Martin

Er ist ein Spitzensportler par Excellence – Tony Martin. Als siebenfacher Zeitfahrweltmeister, darunter viermal im Einzelzeitfahren, gehört er zu den erfolgreichsten Deutschen Profi-Radrennfahrern. Für den unermüdlichen Tempomacher gehören internationale Siege zu seinem Alltag. Sein Leben richtet sich auch als zweifacher Familienvater nach dem Spitzensport. Der sympathische Sachse weiß, mit welchen Routinen und Strategien Weltklasse-Form erreichbar ist, und ist ein Vorbild für alle Sportler, die an die Spitze kommen wollen.

Ergänzende Information Die elektronische Version dieses Kapitels enthält Zusatzmaterial, das berechtigten Benutzern zur Verfügung steht. https://doi.org/10.1007/978-3-658-40052-1_7

Krafttier: Stier

INTRO

Tony, was denkst du, wenn du die Worte Spitzenleistung und Erfolg hörst?
„Ja, das ist im Prinzip mein Leben unter anderem. Im Prinzip richtet sich mein Leben nach dem Spitzensport, nach dem Ziel Erfolg. Und das hat sich jetzt vielleicht ein bisschen tendenziell in den Hintergrund geschoben, seitdem ich auch Familienvater bin. Aber ich kann eigentlich sagen, bevor ich Vater geworden bin, hat es komplett mein Leben bestimmt und jetzt natürlich auch noch zu großen Teilen."

» „Was ich mir in den Kopf gesetzt habe, versuche ich auch nach Möglichkeit durchzusetzen."

Hast du von Zuhause Eigenschaften mitbekommen, die es dir leichter gemacht haben, deine PS erfolgreich auf die Straße zu bringen?
„Ja, auf jeden Fall. Ich glaube, ich bin von Natur aus ein Kämpfertyp, habe auch einen gewissen Dickschädel. Was ich mir in den Kopf gesetzt habe, versuche ich auch nach Möglichkeit durchzusetzen. Nicht nur im Sport, auch im Privatleben. Das ist nicht immer positiv, aber sicherlich, gerade, was die sportlichen Ziele angeht, ist es doch recht hilfreich, und insofern ist es eine Charaktereigenschaft, die ich von zu Hause

mitbringe und die mir auch im Sport doch schon des Öfteren weitergeholfen hat."

Wir haben eines gemeinsam, wir sind beide in der DDR geboren. Du bist mit deinen Eltern vor der Wende in den „Westen" gegangen. War das ein Wendepunkt in deinem Leben oder gab es noch andere Ereignisse, die richtungsweisend für dich waren?
„Ja, also um ehrlich zu sein, wir sind 1989 über Ungarn in den Westen quasi geflohen. Davon habe ich nicht wirklich was mitbekommen mit vier Jahren. Ich bin natürlich sehr dankbar, dass meine Eltern mit mir diesen Schritt gegangen sind, dass wir doch auch ein freies Leben führen konnten und dass wir auch wirklich unter tollen Bedingungen aufwachsen konnten in der Nähe von Frankfurt am Main. Aber ganz sicher richtungsweisend und vielleicht noch die größere Veränderung in meinem Leben war dann doch mit 14 Jahren der Schritt, auf die Sportschule nach Erfurt wieder zurückzugehen, im Prinzip in den Osten, wo mir einfach die optimalen Bedingungen damals geboten wurden, um Schule und Spitzensport unter einen Hut zu bekommen. Das wäre für mich jetzt persönlich eher der Wendepunkt in meinem Leben, wo ich sagen würde, okay, da hat sich wirklich für mich der Weg Richtung Spitzensport gezeigt."

KLARHEIT

Hast du schon immer eine klare Vision davon gehabt, ein großer Sportler und Weltmeister zu werden?
„Tatsächlich ja. Ich habe viele Jahre Fußball gespielt, auch sehr ambitioniert. Ich habe auch privat neben dem normalen Mannschafts- oder Vereinstraining für mich trainiert und hatte eigentlich immer schon die Zielstellung, die Vision, mit dem Fußball damals auch meinen Lebensunterhalt verdienen zu können. Also quasi auch nur Spitzensport zu betreiben. Und ja dann, wo es Richtung zwölf, 13 Lebensjahre zuging, habe ich doch gemerkt, okay, ganz reicht es leider nicht bis oben oder es wird wahrscheinlich nicht bis ganz oben reichen,

weil die Konkurrenz doch sehr, sehr groß war. Und mein Vater war damals – und ist es auch heute noch – ein sehr ambitionierter Radsportler. Er hat schon zu meinen Jugendjahren auch diese Passion für Radsport in mir geweckt. Und irgendwann kam so der Moment, wo ich meinen Vater gefragt habe, ob er mich nicht vielleicht auch trainieren könnte, damit ich auch dem Radsport eine Chance geben kann. Und ja, dann haben wir im Prinzip als Vater-Sohn-Gespann im Frankfurter Raum angefangen, zusammen zu trainieren. Dann bin ich langsam mit kleinen Radrennen gestartet. Auf irgendwelchen Parkdecks regional auf ganz kleinem Niveau. Der Erfolg kam aber doch relativ schnell. Und über den Erfolg habe ich die Liebe zum Radsport entdeckt. Dann kam wie gesagt der Schritt auf die Sportschule nach Erfurt. Dort hat sich eigentlich mein komplettes Leben nur noch um den Sport gedreht. Und im Prinzip bin ich so in die Radsportwelt reingewachsen. Und für mich gab es dann eigentlich relativ wenige Entscheidungen, die ich noch treffen musste. Der Weg war wirklich so gezeichnet für mich. Das ging dann nach dem Abitur über zur Sportfördergruppe der Polizei in Thüringen. Da waren dann einfach sehr viele Umstände, die für mich sehr positiv waren, die mich eigentlich in das Profilager geführt haben, wo ich überhaupt keine Bedenken hatte, dass ich vielleicht mal eine falsche Entscheidung hätte treffen können."

> » „Ich hatte überhaupt keine Bedenken, dass ich vielleicht mal eine falsche Entscheidung treffen könnte."

Gehört auch ein bisschen Glück dazu?
„Ja, sicherlich. Da muss man sicherlich auch die richtigen Entscheidungen zum richtigen Moment treffen. Ganz wichtiger Entscheid war, wie gesagt, dann auch, auf die Sportschule zu gehen. Das ist natürlich als 14-Jähriger nicht so einfach, von zu Hause weg zu gehen. Dann in das Internat zu kommen zu Menschen, die man erst einmal so nicht kennt. Na ja, fast 300 Kilometer weg von zu Hause und nur noch am

Wochenende nach Hause zu kommen. Das kannte ich vorher so nicht und das ging natürlich auch einher mit viel Heimweh und, ja, irgendwo auch mit schlechtem Gewissen, die Familie quasi zu verlassen – im ersten Moment. Aber auch da bin ich einfach reingewachsen, und bin jetzt im Nachhinein natürlich extrem froh, dass ich diesen Schritt gegangen bin. Ich kann jetzt auch sagen, dass im Prinzip auch meine aktuellen Freunde, meine besten Freunde, immer noch aus dieser Zeit kommen. Da sind wirklich auch Freundschaften gewachsen mit anderen Sportlern, die vielleicht nicht das Topniveau erreicht haben wie ich, aber wir hatten gemeinsame Ziele und sind den Weg gemeinsam gegangen. Und das hat extrem zusammengeschweißt und auch von dieser Seite her habe ich sehr, sehr viel gewonnen und es hat mein Leben extrem bereichert."

» „Ich glaube, Ehrgeiz und Kampfgeist sind die Eigenschaften, die mich am ehesten auch auszeichnen."

Welche drei Fähigkeiten durftest du in deiner Karriere lernen, die wichtig für dich waren?
„Also die oberste Fähigkeit oder Eigenschaft ist Ehrgeiz, muss ich sagen. Ich glaube, Ehrgeiz, Kampfgeist, ist die Eigenschaft, die mich auch auszeichnet. Was vielleicht auch Außenstehende am ehesten über mich sagen würden, ist, dass ich eigentlich an meine Ziele glaube und so gut wie alles dafür mache. Und ich mir eigentlich auch für zu nichts zu schade bin. Des Weiteren bin ich ein sehr, sehr loyaler Teamkollege. Ich kann mich sehr gut in Gemeinschaften einbringen und nicht nur für meine eigenen Ziele kämpfen, sondern auch für die der anderen Kapitäne oder der gesamten Mannschaft. Ja, und dann habe ich auch mittlerweile eine gewisse Erfahrung, eine gewisse Weitsicht, die mir jetzt gerade im Alter entgegenkommt, wo mir jüngere Sportler mittlerweile vielleicht rein körperlich überlegen sind. Aber Radsport ist dennoch, wenn man es vielleicht auch von außen nicht unbedingt

sieht, ein Mannschaftssport und da werden einfach auch ältere Fahrer gebraucht mit einem gewissen Erfahrungsschatz, die in so einer Mannschaft die jungen Wilden leiten und führen können. Und das ist sicherlich eine Eigenschaft, die von meinem Team sehr geschätzt wurde."

> » „Ich mache mir immer wieder einmal bewusst, was für ein Privileg es ist, dass ich mein Hobby zum Beruf machen durfte."

ANTRIEB

Wie motivierst du dich denn in Momenten, in denen du keine Lust hast, auf das Rad zu steigen. Gibt es die überhaupt?
„Ja, sicherlich. Also gerade so die Wintermonate, wenn es draußen doch auch ein bisschen eklig ist, zum Beispiel bei Regen oder leichtem Schneegestöber oder so, da fällt es dann schon schwer, muss ich sagen. Aber ich versuche mir immer wieder bewusst zu machen, was für ein Privileg es ist, wenn man sein Hobby zum Beruf machen darf. Und ich habe auch die schöne Erfahrung gemacht, die Polizeiausbildung absolvieren zu können. Ich weiß, wie es sich anfühlt, acht Stunden lang im Unterrichtssaal zu sitzen oder auch acht Stunden übungsweise draußen zu stehen und den Job des Polizisten auszuüben. Wenn ich mir bewusstmache, dass ich mein Hobby zum Beruf machen durfte, erdet mich das immer wieder ganz schnell und gut, dann sind so vier fünf Stunden Training bei auch leicht ekelhaften Temperaturen doch einigermaßen gut auszuhalten."

Du lebst als Sportler sehr asketisch und diszipliniert, was deine Ernährung und dein Training angeht. Magst du uns mal einen kurzen Einblick geben? Gib es bei dir auch mal ein Stück Schokolade oder fällt das weg?
„Also wir haben ja als Radsportler doch den Vorteil, dass wir den Tag über einen sehr hohen Kalorienbedarf und auch -verbrauch haben.

Das heißt also, wenn ich mal Lust auf Schokolade oder nach einem Eis habe, dann ist das gar kein Problem. Generell versuche ich natürlich schon, darauf zu achten, dass ich mir jetzt nicht jeden Abend einen Hamburger reinziehe oder was auch immer. Und gerade auch in der Saisonpause ist immer die Gefahr, dass man vielleicht auch in gewisser Weise denkt, man kann das so in der Winterpause, wenn man mal nicht trainiert, durchziehen und dann kann man auch gerne mal fünf bis zehn Kilo zunehmen, die dann natürlich auch wieder runter müssen. Die Erfahrung musste ich leider auch schon machen. Insofern versuche ich dann zum Beispiel gerade auch in der Winterpause, ein bisschen disziplinierter zu sein. Aber in der Regel kann man wirklich sagen, dass man innerhalb der Saison ja doch so viel verbraucht, dass es eigentlich nicht schwer ist, in einer gewissen Art und Weise darauf zu achten, dass man wirklich ein gewisses Gewicht hält und sich einigermaßen gesund ernährt. Aber ich glaube, das wird einem Spitzensportler sowieso in die Wiege gelegt, dass man auch darauf achtet."

> „Wenn mir mal die Lust nach einer Schokolade ist oder nach einem Eis kommt, dann ist das gar kein Problem."

Was machst du in den ersten und in den letzten 60 Minuten deines Tages?
„In den ersten 60 Minuten bin ich wirklich Familienvater. Das hat dann nichts mit dem Spitzensportler zu tun. Jeder, der kleine Kinder hat, weiß, wie sich das am Morgen dann teilweise zieht, bis die Kinder angezogen sind, Zähne geputzt sind usw. Jetzt wo wir noch eine zweite kleine Tochter haben, bleibt meine Partnerin eigentlich größtenteils zu Hause und ich bringe dann erst mal meine ältere kleine Tochter in den Kindergarten. Und bis ich dann zurück bin, ist eigentlich die erste Stunde meines Tages schon beendet. Und dann gehe ich in die Rolle des Spitzensportlers, sage ich mal, über. Dann wird erstmal ordentlich gefrühstückt, ne halbe Stunde, und dann schwinge ich mich aufs Fahrrad und bin dann vier bis sechs Stunden am Tag unterwegs."

PRODUKTIVITÄT

Wie schaffst du es, wenn du ein Ziel vor Augen hast, wirklich fokussiert darauf hinzuarbeiten und Ablenkung zu vermeiden? Hast du da einen Trick?

„Also mir fällt es nicht schwer, muss ich sagen, wenn ich ein Ziel habe, dafür zu kämpfen. Da bin ich auch extrem fokussiert und vernachlässige tendenziell eher Sachen, die vielleicht auch wichtig wären. Was heißt vernachlässigen, aber man muss einfach auch irgendwann Entscheidungen treffen. Und dann kann man sich vielleicht nicht alle drei Abende mit irgendwelchen Freunden treffen oder eben leider auch nicht jeden Tag mit der Tochter drei Stunden auf den Spielplatz gehen, weil man einfach trainieren oder sich anderweitig für den Sport vorbereiten muss. Das ist einfach so. Der Spitzensport ist ein Leben lang eigentlich Teil von mir. Insofern sind diese Zielsetzungen in mir drin. Ich vergesse dann, wie gesagt, eher mal nach rechts und nach links zu gucken, was eigentlich auch noch wichtig ist im Leben. Gerade jetzt, als Familienvater, ist mir das dann schon bewusst, und dann versuche ich, meine Familie auch an meinem Leben als Spitzensportler teilhaben zu lassen. Aber generell werde ich eigentlich wenig abgelenkt und kann mich auf Ziele zu hundert Prozent fokussieren."

> » „Wenn ich ein Ziel habe, fällt es mir nicht schwer, dafür zu kämpfen, und da bin ich auch extrem fokussiert."

EMOTIONALE STABILITÄT

Gibt es auch Momente, in denen du Ängste und Zweifel hast oder wie gehst du mit emotionalen Rückschlägen um?

„Jetzt ist gerade ein gutes Beispiel: Ich bin kürzlich wieder gestürzt. Stürze sind leider so ein Thema beim Radsport, teilweise auch schwere Stürze. Ich bin gestürzt, habe mir den rechten Ellenbogen gebrochen.

Und ja, das ist jetzt noch einigermaßen glimpflich ausgegangen, und ich denke, dass ich auch relativ schnell wieder zurück sein werde auf dem Rad. Aber klar, da fragt man sich schon, muss ich das mit Mitte dreißig, wo ich doch schon eigentlich sehr, sehr viel erreicht habe, zweifacher Familienvater bin, muss ich mir das noch antun? Das sind dann eher mal die Zweifel, so im ersten Moment, wenn man im Krankenwagen liegt und mit Blaulicht in das Krankenhaus gefahren wird. Das sind die unschönen Momente des Radsports. Das ist aber auch das Einzige, wo ich sage, okay, das lässt mich dann noch manchmal zweifeln. Aber ansonsten liebe ich mein Leben, ich liebe die Freiheiten, die auch mit dem Sport verbunden sind. Ich bin ja im Prinzip mein eigener Chef. Ich muss natürlich zu den Wettkämpfen abliefern, aber wie ich trainiere, wie ich lebe, wie ich mich ernähre, das ist absolut mir überlassen. Und ich kann extrem ehrgeizig sein, aber ich liebe es auf der anderen Seite auch, dass ich mir diesen Ehrgeiz selber auferlege und nicht von außen Druck bekomme. Das macht mir schon sehr, sehr viel Spaß. Ich sehe mein Karriereende irgendwo kommen in den nächsten Jahren und dann frage ich mich schon, wie es sein wird, dann wieder vielleicht auch mehr fremdbestimmt zu sein. Da muss ich sicherlich auch einen guten Spagat hinbekommen. Und dann werde ich mal schauen. Aber aktuell genieße ich wirklich diese Freiheit und bin mir dessen auch extrem bewusst."

MUT

Um Erfolg zu haben, braucht man Mut. Bist du eher der Typ Anlauf nehmen und springen oder erst mal schauen und warten?
„Ja, ich bin eher der defensive Typ, muss ich ganz klar sagen. Das war vielleicht früher auch anders, ganz klar, aber jetzt mit etwas mehr Erfahrung bin ich doch eher zurückhaltend, auch in den Rennen. Die Radrennen werden immer hektischer, es wird immer enger gefahren. Es wird auch immer mehr gestürzt, und dann merke ich schon, dass ich mit zunehmenden Lebensjahren auch etwas defensiver bin und mir der Gefahr mehr bewusst bin. Das hängt vielleicht auch mit der Vaterschaft zusammen. Und das muss ich einfach akzeptieren. Das ist okay. Und ich denke, dass man manchmal vielleicht einmal mehr bremst

und dadurch den ein oder anderen Sturz verhindern kann und dass sich das dann auf der anderen Seite vielleicht wieder auszahlt. Ich versuche schon, eine gute Balance hinzubekommen, aber ich bin doch eher mittlerweile mehr so der nachdenkliche Typ."

> „Es macht einen nur menschlich, wenn man sich auch als Spitzensportler eingesteht, dass heute vielleicht nicht der beste Tag war oder dass es irgendwo gehakt hat."

Ist Scheitern erlaubt?
„Ja, auf jeden Fall. Scheitern ist definitiv erlaubt und ich glaube, das macht einen Spitzensportler menschlich. Ich glaube auch, dass es die Spannung im Spitzensport allgemein erhöht. Ich finde es selber auch schön, wenn Top-Favoriten mal scheitern, mal die zweite Reihe gewinnt, auch Überraschungssieger kommen. Ich glaube, das ist das, was die Fans am Ende sehen wollen. Natürlich will man selber immer gewinnen und das bestmögliche Ergebnis abliefern, aber ich glaube, es macht einen nur menschlich, wenn man sich auch als Spitzensportler eingesteht, dass heute vielleicht nicht der beste Tag war oder dass es irgendwo gehakt hat. Wichtig ist für mich einfach nur, dass man sich davon nicht runterziehen lässt, sondern im Prinzip wieder aufsteht und das nächste Ziel schon wieder im Fokus hat. Auch das macht einen Spitzensportler aus, und insofern finde ich es wirklich schön, dass ein Spitzensportler natürlich Gewinner, aber genauso gut auch Verlierer sein kann."

> „Scheitern ist definitiv erlaubt und ich glaube, das macht einen Spitzensportler auch menschlich."

EINFLUSS

Der Teamantritt ist bei Euch ein großes Credo. Warum ist es denn so wichtig, im Team unterwegs zu sein und gute Trainingspartner zu haben, die sich gegenseitig Wind unter den Flügeln geben?
„Ja gut, im Radsport sind wir sehr viel mit der Mannschaft unterwegs, sehr viel von zu Hause weg. Das heißt, die Radsportmannschaft, das Team, ist auch irgendwo eine zweite Familie, eine Ersatzfamilie. Wenn wir vier Wochen unterwegs sind, weg sind von der Familie, dann muss man einfach ein Umfeld haben, in dem man sich wohl fühlt. Wo man vielleicht in Anführungsstrichen die Familie zu Hause auch mal vergessen kann, weil man sich einfach innerhalb der Mannschaft so wohl fühlt und nicht jeden Abend mit gesenktem Kopf auf dem Hotelzimmer hängt, weil man die Liebsten zu Hause vermisst. Sowas wäre natürlich negativ für die Leistung. Insofern ist es für mich extrem wichtig, in einem harmonischen Umfeld zu sein, mit Teamkollegen unterwegs zu sein, auf die man sich zu hundert Prozent verlassen kann, wo eine gute Stimmung herrscht, wo man sich gut unterhalten kann und wo man auch gut unterhalten wird. Das ist extrem wichtig, und ich glaube, dessen sind wir uns auch alle bewusst. Deswegen versuchen wir, uns auch wirklich in der Mannschaft bestmöglich zu integrieren. Auch guten Input zu geben und einfach eine gute Atmosphäre zu kreieren. Und die Mannschaft, in der ich gerade bin, ist aktuell extrem erfolgreich, und das merkt man auch an der Atmosphäre. Es macht extrem viel Spaß, mit den Jungs unterwegs zu sein. Sicherlich bin ich traurig, dass ich auch meine Familie wieder für ein paar Wochen verlasse, aber ich freue mich auch auf die Jungs, auf das Umfeld und auf die Ziele, die wir zusammen haben. Ich denke, dass das auch ein Teil des Erfolgs ist und auch zu einer hohen Leistung beiträgt. Ich kenne keinen Sportler, der sich in einer Mannschaft nicht wohl fühlt und trotzdem gute Leistung bringt. Ich glaube, das gibt es nicht."

> „Ich kenne keinen Sportler, der sich in einer Mannschaft nicht wohl fühlt und trotzdem gute Leistung bringt."

Hast du Vorbilder?
„Ich hatte früher, als ich ein kleiner Stift war, Jan Ullrich als Vorbild, ganz klar. Also er war so der Hero zu meiner Zeit. Klar, die Tour de France gewonnen, hat sich immer tolle Duelle geliefert mit Lance Armstrong und Pantani, da haben wir natürlich alle vorm Fernseher geklebt. Aber mittlerweile muss ich sagen, bin ich relativ vorbildlos, sag ich mal. Ich weiß einfach, was ich will, ich weiß, was ich kann, und ich fokussiere mich sehr auf mich selbst."

Da bist du ganz klar ein Vorbild für die anderen, oder?
„Ja, sicherlich. Und ich freue mich auch. Aber ich verstehe diesen Hype nicht, das muss ich ganz ehrlich sagen. Für mich ist unerklärlich, dass sich Leute so freuen, wenn sie mich sehen. Ich finde es schön und ich mache auch immer gerne einen Plausch. Ich treffe auch Fans im Supermarkt oder wie auch immer, unterwegs beim Spazieren. Nicht zu oft. Also so, dass es noch sehr angenehm ist. Und ich freue mich auch, die Begeisterung der Leute zu sehen, aber ich glaube, diese gleiche Begeisterung könnte ich schwer für andere aufbringen. Vielleicht ist es eine Eigenschaft, die an mir eher vorbeigegangen ist."

> „Wenn du von dir selber überzeugt bist, wenn du weißt, du reißt das Ding heute, dann hast du einfach fünf oder zehn Prozent mehr Boost in deinen Beinen."

MEINE PERSÖNLICHEN PERFORMANCEHACKS

Du hast in einem Interview gesagt: „Wenn man einmal auf der Erfolgswelle surft, bleibt man sehr lange oben drauf". Was ist dein persönlicher Erfolgstipp, um wirklich das Allerbeste aus dir selbst herauszuholen?

„Gut, wenn man einmal auf der Erfolgswelle ist, dann hat man ganz klar das Selbstvertrauen. Das ist einfach so. Und ich glaube, dieses Selbstvertrauen, wenn man von sich selber überzeugt ist, wenn man weiß, man reißt das Ding heute, dann hast du einfach fünf oder zehn Prozent mehr Boost in deinen Beinen. Das ist einfach so. Und das sieht man zum Beispiel mal in der zweiten Reihe, die auf einmal anfängt zu gewinnen. Die haben plötzlich nach ihren Siegen das Selbstvertrauen und schließen dann quasi so in die erste Reihe auf. So ist das einfach. Das war bei mir auch so. Als ich jung war und die ersten Wettkämpfe gewonnen habe, habe ich beim nächsten Wettkampf am Start gestanden und wusste, okay, ich habe es schon mal gepackt. Die Wahrscheinlichkeit, dass ich es heute wieder packe, ist sehr, sehr hoch, sehr, sehr groß. Und natürlich muss man auch das Selbstvertrauen in den Vordergrund stellen und nicht den Erfolgsdruck. Denn wenn man einmal gewonnen hat, dann sind die Erwartungen natürlich auch umso höher. Und insofern bin ich zum Beispiel auch stolz auf mich, dass ich es geschafft habe, dreimal hintereinander Weltmeister zu werden. Weil klar, ich habe dreimal am Start gestanden und niemand hat erwartet, dass ich Weltmeister werde. Man sieht es an anderen Sportler, die gewinnen einen Wettkampf oder werden einmal Weltmeister. Und manchmal passiert es halt eben auch, dass sie das erstmal nicht wiederholen können, weil sie einfach nicht mit dem Druck klarkommen. Das braucht dann vielleicht mal ein, zwei Jahre, um wieder auf das gleiche Niveau zu kommen. Aber generell muss man sagen, wer ganz früh in der Saison anfängt zu gewinnen, auch bei kleineren Wettkämpfen, der hat einfach das Selbstvertrauen, dann auch in Richtung der großen Wettkämpfe im Anschluss zu gewinnen. Und insofern denke ich, ist Selbstvertrauen auch ein ganz, ganz wichtiges Thema im Spitzensport."

Muss Spitzenleistung immer anstrengend sein oder kann es sich auch leicht anfühlen?

„Für mich fühlte es sich leicht an, Weltmeister zu werden. Im Prinzip waren das eigentlich meine einfachsten Wettkämpfe. Dann ist es einfach so. Denn wenn du eine Topform hast, wenn du im Kopf klar bist, wenn du weißt, du reißt das Ding heute, dann bist du so von dir überzeugt, dann hast du vielleicht auch so viele Endorphine in dir, dass die einfach den gefühlten Schmerz unterdrücken. Und ich weiß noch, das Gefühl habe ich wirklich noch in meinem Kopf, als ich das erste Mal Weltmeister geworden bin, da sind wir Runden gefahren beim Zeitfahren. Und mit der letzten Runde oder Eingangs der letzten Runde, wusste ich im Prinzip schon, dass es für mich klappen wird, dass der Vorsprung wirklich so groß ist, dass ich heute Weltmeister werde. Und im Prinzip bin ich dann wirklich die letzte Runde, kann ich für mich sagen, ohne Schmerzen gefahren. Also einfach nur voller Glücksgefühle. Und ja, das ist für mich das Paradebeispiel, was der Kopf einfach ausmacht im Spitzensport. Klar, man muss gut trainieren. Der Körper muss einfach natürlich auf höchstem Niveau sein, aber wenn der Kopf nicht mitspielt, kannst du eine Weltklasse-Form haben, aber dann wirst du höchstwahrscheinlich nicht gewinnen. Im Umkehrschluss, wenn du vielleicht nicht hundert Prozent körperlich topfit bist, aber mental einfach trotzdem so viel Vertrauen hast und so positiv gestimmt bist, denke ich, dass man trotzdem eine gute Chance hat, zumindest einen sehr, sehr guten Wettkampf abzuliefern."

» „Wenn der Kopf nicht mitspielt, kannst du zwar in Weltklasse-Form sein, aber du wirst höchstwahrscheinlich nicht gewinnen."

PERSÖNLICHKEIT

Was würdest du anders machen, wenn du nochmal die Wahl hättest?
„Gar nichts. Ja, ist so. Kann ich wirklich so sagen. Gar nichts."

Wenn du eine große Anzeigentafel an einen beliebigen Ort dieser Welt stellen könntest, was wäre darauf zu sehen?
„Ich liebe mein Leben!"

Was war das Netteste, was jemals jemand für dich getan hat?
„Meine Partnerin, wie sie meine zwei Töchter erzieht."

Was ist der schlechteste Rat, der häufig erteilt wird?
„Es gibt so ein Sprichwort, das ich eigentlich hasse, und das ist: ‚Der Zweite ist der erste Verlierer.' Das ist für mich so ein No-Go. Also ich denke, man sollte sich auch an zweiten und dritten Plätzen oder auch fünften Plätzen erfreuen."

Hast du ein Lebensmotto?
„Ja. Immer nach vorne schauen, niemals nach hinten schauen. Nach vorne schauen, Ziele ausmachen und für die Ziele kämpfen."

Die persönlichen Hacks von Tony Martin findest du im Video des Interviews (s. Abb. 7.1).

Abb. 7.1 Fast Lane Tony Martin

8

Der Griff nach den Sternen – Das Erfolgsrezept der jüngsten Sterneköchin Deutschlands: Interview mit Julia Komp

> „Wenn schon was machen, dann richtig!"
> Julia Komp

Julia Komp

Als sie 2016 ihren ersten Michelin-Stern bekam, war Julia Komp die jüngste Sterneköchin Deutschlands. Das Geheimnis ihres Erfolgs liegt in ihrer Leidenschaft zum Kochen, dem feinen Gespür für Aromen und ihrer Neugier auf fremde Geschmäcker und neue Gewürze. Auf der Suche nach raffinierten Kreationen ist sie weltweit unterwegs und hat u. a. auch schon für die Deutsche Botschaft in Sri Lanka gekocht. Ihre Ziele sind ambitioniert und in ihrer Vision greift sie schon nach dem nächsten Stern.
Krafttier: Tiger

Ergänzende Information Die elektronische Version dieses Kapitels enthält Zusatzmaterial, das berechtigten Benutzern zur Verfügung steht. https://doi.org/10.1007/978-3-658-40052-1_8

INTRO

Julia, was denkst du, wenn du die Worte Spitzenleistung und Erfolg hörst?
„Ich denke, man muss jeden Tag sehr viel leisten, um Erfolge zu erzielen, egal in welchem Beruf, welcher Branche, egal welches Geschlecht. Aber wer kämpft, wird irgendwann erfolgreich sein und so seine Träume verwirklichen."

» „Wenn man einfach nur vor sich hinarbeitet und keine Perspektive hat, ist es viel schwieriger, seinen Weg zu gehen und erfolgreich zu sein."

Hast du von Zuhause Eigenschaften mitbekommen, die es dir leichter gemacht haben, deine PS erfolgreich auf die Straße zu bringen?
„Ich bin mir nicht sicher. Bei uns zu Hause war das eigentlich ganz normal. Meine Eltern sind selbstständig. Sie mussten auch Samstag und Sonntag mal ins Büro und haben gearbeitet. Es war nicht so, dass mein Papa um 16.30 Uhr Feierabend hatte, sondern er kam meistens heim, wenn ich schon am Schlafen war. Meine Oma und Opa hatten ein Reisebüro. Wenn das neue Programm da war, dann habe ich mitgeholfen, die ganzen Heftchen, die von der Druckerei kamen, in Briefumschläge zu stecken und die Adress-Sticker draufzukleben. Am Ende des Tages hatten wir dann wirklich etwas geschafft und konnten den Rest des Tages genießen. Meistens bestellten wir Pizza. Ich glaube, man muss ehrgeizig sein, um PS auf die Straße zu bringen. Ich weiß nicht, ob meine Eltern mir das beigebracht haben oder ob das einfach da war. Und man muss ein Ziel haben, für das man arbeitet. Wenn man einfach nur vor sich hinarbeitet und keine Perspektive hat, dann ist es viel schwieriger, seinen Weg zu gehen und erfolgreich zu sein. Deshalb ist es wichtig zu wissen, wo man hinmöchte."

Du warst mit deiner Oma oft im Orient unterwegs, was richtungsweisend für deine Küche war. Gab es in deinem Leben andere Wendepunkte, die für deine Karriere auch wichtig waren?
„Ich würde sagen, ich bin da mehr oder weniger ein bisschen reingerutscht. Klar, wir haben immer Urlaub in Tunesien gemacht, aber wären wir mit meiner Oma immer nach Spanien gefahren, dann wäre vielleicht Spanien das Land, das mich am meisten interessiert hätte. Mit meiner anderen Oma hatte ich auch Glück, sie hatte ein Ferienhaus in Belgien direkt am Meer. Die Speisekarten waren auf Französisch oder Flämisch. Ich habe damals schon versucht, sie zu übersetzen oder mitzunehmen, um die Gerichte auswendig zu lernen. Im Französischunterricht in der Schule war es dann für mich einfacher, denn das französische Vokabular fürs Essen konnte ich schon perfekt *(lacht)*."

> » „Wer kämpft, wird irgendwann erfolgreich sein."

KLARHEIT

War es immer dein Ziel und dein Traum, Spitzenköchin zu werden und einen Stern zu bekommen?
„Ich hatte am Anfang verschiedene Berufe in meinem Kopf. Ich wollte mal zur Bank, aber dann habe ich mir überlegt, dass mir das wahrscheinlich zu langweilig ist. Dann habe ich überlegt, zum Bundesgrenzschutz zu gehen. Und ja, Polizei wäre vielleicht auch noch interessant gewesen. Die Shows von Jamie Oliver und Tim Mälzer haben mich schließlich motiviert zu kochen – damals war ja die Zeit der Kochprofis. Ich machte ein Praktikum in der Hotelküche und danach stand für mich fest: Ich möchte in die Küche. Die Suche nach dem besten Ausbildungsplatz ging los. Wenn schon was machen, dann richtig! Das ist eindeutig mein Motto. Schon am ersten Tag meiner Ausbildung war mir klar, dass ich irgendwann selber ein Restaurant haben und auf jeden Fall auch Sterneköchin werden möchte."

> „Schon am ersten Tag meiner Ausbildung war mir klar, dass ich auf jeden Fall Sterneköchin werden möchte."

Du hast das Ziel, die jüngste Zwei-Sterne-Köchin in Deutschland zu werden. Was hilft dir dabei, dein Ziel zu erreichen?
„Ich habe es meiner Oma versprochen. Also, sagen wir so: Oma hat es erwartet (*lacht*). Jetzt muss ich das irgendwie erfüllen (*lacht*). Ich glaube, sie hat in einem Interview gesagt: ‚Julia möchte zwei Sterne und ich bin sicher, dass sie es schafft.' Sie hat schon daran geglaubt, dass ich mein Ziel irgendwie erreiche."

Wenn man ein Ziel vor Augen hat, gibt es jede Menge Ablenkung, die man auf dem Weg dahin haben kann. Wie schaffst du es denn, deinen Fokus zu halten?
„Bis jetzt war es eigentlich einfach und immer ganz klar: Arbeiten, also morgens ins Restaurant, nachts nach Hause. Da hat man nicht so viel Zeit, den Fokus zu verlieren."

Reicht Talent aus, um Spitzenleistungen zu erbringen oder braucht es auch Ehrgeiz und Biss?
„Ja, man braucht auf jeden Fall Ehrgeiz. Man braucht auch ein bisschen Talent und man braucht Biss und Leidenschaft. Aber am wichtigsten ist, dass man Spaß bei der Arbeit hat."

> „Man kann nur etwas erreichen, wenn man an den Sachen Spaß hat."

Du hast dich als Sterneköchin in einer Männerdomäne durchgesetzt. Welche Fähigkeiten durftest du in den letzten Jahren dazulernen?
„Ich glaube das Schwierigste ist es, es immer allen Recht zu machen – den Gästen, dem Chef, dem Team, den Lieferanten … Ich versuche,

alle so weit wie möglich zufriedenzustellen, mich aber gleichzeitig nicht verrückt zu machen. Eine andere Stärke von mir ist es, ruhig zu bleiben. Ich war von Anfang an immer ruhig. Man sollte einfach ausgeglichen sein. Hier hilft mir Sport. Außerdem kann man sich entscheiden, einfach mal seine E-Mails nicht zu lesen. Gut, das fällt mir aber schwer (lacht). Das Erste, was ich morgens mache, auf mein Handy zu schauen und die Neuigkeiten zu checken. Dabei bin ich persönlich gar nicht der E-Mail-Typ. Wenn ich was brauche, dann rufe ich einfach an. Das macht die Kommunikation für mich viel einfacher!"

ANTRIEB

Was machst du, wenn die Motivation mal nicht da ist?
„Als ich im Frühling von den Malediven zurückkam, habe ich mir gedacht: ‚Okay, jetzt muss ich wieder mit Vollgas angreifen.' Die Coronasituation hat es uns allen nicht leichtgemacht. Im Moment ist es für mich zum Glück einfach, früh aufzustehen, zum Sport zu gehen und meine Dinge zu erledigen - dank der Zeitverschiebung."

» „In dem Moment, wenn man gewinnt, ist der Stress vergessen."

ENERGIE

Es kann sehr stressig sein, den ganzen Tag in der Küche zu stehen. Für deinen Ausgleich gehst du laufen. Was hilft dir sonst noch, genügend Kraft und Energie zu generieren?
„Reisen. Wenn ich zweieinhalb Tage frei habe, dann würde ich am liebsten sofort ein Flugticket buchen und irgendwo hinreisen. Ich kann mich zu Hause nicht ausruhen. Da gibt es immer etwas zu tun. Da kann ich nicht stillsitzen. Ich habe auch gar keine Lust, an meinem

freien Tag zu Hause zu sein. Ich möchte irgendwo hin, egal wohin. Nur beim Reisen habe ich das Gefühl, dass ich wirklich ‚Abstand zum Alltag' habe. Und diese Freiheit nehme ich mir."

> » „Ich brauche Power, damit etwas richtig super wird."

Was machst du in den letzten 60 Minuten deines Tages, wenn du nach Hause kommst?
„Mich bettfertig machen. Wenn ich nach Hause komme, dann gehe ich meistens direkt ins Badezimmer, ziehe mich um und gehe schlafen. Ich bin abends nach der Arbeit echt erschöpft, weil ich morgens so zeitig aufstehe. Den Schlaf nutze ich dann, um runterzukommen."

PRODUKTIVITÄT

Du hast viele Preise gewonnen. Du hast einen Michelin-Stern ergattert. Beflügelt dich das zu nächsten Höchstleistungen oder erlaubst du dir, Pause zu machen?
„Bei Kochwettbewerben war es immer so, dass ich gesagt habe: ‚Das mach ich nie wieder! Den Stress tue ich mir nicht mehr an.' Aber in dem Moment, wenn man gewinnt, ist der Stress vergessen und man meldet sich direkt beim nächsten Wettbewerb an. Auch wenn man sich wirklich krass vorbereiten muss, um zu gewinnen. Das fängt schon bei der Logistik kann: Hier hatte ich immer einen wahnsinnig langen To-do-Zettel. Meistens muss man zum Wettbewerb all sein Equipment mitschleppen. Ich habe es bisher so gemacht, dass ich pro Arbeitsschritt eine Kiste gepackt habe. Für die Schokomousse brauche ich Förmchen und einen Spritzbeutel. Einen Aufschlagkessel, um Ei und Zucker aufzuschlagen. Ich brauche einen Topf und eine Schüssel, um Schokolade zu schmelzen. Man braucht eine Maschine für Eiweiß, man braucht

einen Messbecher, um Sahne zu schlagen – und das alles kommt in die Kiste. Und so hat man jeden Arbeitsschritt durchgepackt. Das hat mir ungemein geholfen!"

> » „Ohne Planung ist man verloren, ohne To-do-Zettel auch."

EMOTIONALE STABILITÄT

Auf deiner Website ist der erste Spruch, der ins Auge fällt: ‚Mit Liebe zur Arbeit gehen'. Du kochst mit Liebe und hast Spaß, an dem, was du tust. Macht diese Kombination leistungsfähiger?
„Ja, das ist so. Hier sind viele Faktoren ausschlaggebend: Ist das Wetter gut? Ist die Stimmung im Team gut? Ist die Ware da? Wenn tatsächlich manchmal Sachen passieren, die mir meine Laune verderben oder sie trüben könnten, dann erinnere ich mich gern daran: Morgen ist ein neuer Tag."

> » „Meistens findet man eine Lösung, aber das Wichtige ist, dass man ruhig bleibt."

Was machst du in den Momenten, wo Ärger oder Frust hochkommen?
„In diesen Momenten muss man Ruhe bewahren und überlegen: Okay, was kann ich machen? Kann ich vielleicht woanders bestellen und die Ware doch noch bekommen? Wenn jemand krank ist, wie soll ich ihn ersetzen? Eigentlich findet man immer eine Lösung, wenn man ruhig bleibt."

MUT

Du bist sehr ehrgeizig und liebst große Herausforderungen. Warum?
„Ich liebe Herausforderungen, die nicht alltäglich sind. So wird es nie langweilig. Generell benötige ich einfach etwas Druck beim Arbeiten. Je höher der Druck, desto besser meine Leistung."

> » „Je höher der Druck, desto besser die Leistung."

Auf der Suche nach neuen Gerichten und Gewürzen warst du schon auf der ganzen Welt unterwegs. Was hilft dir, offen für neue Herausforderungen zu sein?
„Ich bin allgemein sehr neugierig und auch abenteuerlustig. Und immer auf der Suche nach neuen kulinarischen Entdeckungen und Menschen, die an gutem Essen interessiert sind."

Das heißt, du wärst eher der Typ „Anlauf nehmen und springen"?
„Das kommt drauf an. Bungee-Jumping würde ich beispielsweise nicht machen, aber einen Ausflug nach Mexiko zum Kochen wäre genau mein Ding."

Was machst du, wenn sich ein Hindernis in den Weg stellt?
„Dann versuche ich definitiv, das Hindernis zu verschieben."

Das heißt, es gibt immer eine Lösung?
„Ja, eigentlich schon. Man muss sie nur finden!"

EINFLUSS

Deine Kollegen sind Freunde für dich. Wie schaffst du es, dein Team zu begeistern, zu inspirieren und auch mit neuen Ideen voranzugehen?
„Manchmal ist es schwierig, wenn es zu freundschaftlich ist, aber es wäre auch komisch, nicht freundschaftlich zu sein. An meiner ersten Station als Köchin waren wir zum Beispiel ein superkleines Team, da waren wir insgesamt fünf oder vier. Klar, unternimmt man nach der Arbeit etwas zusammen. Wir haben schon so viel miteinander erlebt und das schweißt sehr zusammen. Und es gibt auch immer wieder neue Motivation, wenn wir etwas Neues sehen, etwas Neues schmecken, ein neues System erkennen."

Das heißt, Ihr gebt Euch gegenseitig Wind unter den Flügeln?
„Ja, genau. Ich meine, man geht dann an seinem freien Tag zur Messe. Der Input ist riesig und man hat wieder diesen Turbo, im Restaurant etwas Neues zu probieren. Gemeinsam macht es gleich viel mehr Spaß."

Wer hat dich in deinen Vorhaben unterstützt?
„Meine Eltern hatten sich vorgestellt, dass ich Richterin werde, weil ich so ein gerechter Mensch bin. Das wäre mir aber viel zu langweilig gewesen. Ich bin Köchin geworden und das war dann auch total in Ordnung für meine Familie. Doch bei uns kommt keiner aus der Gastronomie. Ich musste schon allein meinen Weg gehen."

Du hast vorhin über Jamie Oliver und Tim Mälzer gesprochen. Waren es Vorbilder von dir?
„Ja, über sie bin ich mehr zum Kochen gekommen. Früher lief im Fernsehen ‚Schmeckt nicht, gibt's nicht'. Und dann kam irgendwann ‚Das perfekte Dinner'. Da habe ich mir immer gedacht, dass ich das besser hinbekommen würde als manch einer, der dabei war (*lacht*). So richtige Vorbilder habe ich Köche-mäßig aber nicht, denn es gibt so viele inspirierende Köche. Jeder hat seinen eigenen Stil und genau den muss man auch für sich selbst finden. Aber trotzdem gibt es viele Chefs, die

eine präzise Handschrift haben, tolle handwerkliche Fähigkeiten – und das ist inspirierend für mich."

MEINE PERSÖNLICHEN PERFORMANCEHACKS

Du bist deinen Weg in deinem Alter deutlich schneller gegangen als deine Kollegen. Wenn du einen Hack teilen müsstest, der dir geholfen hat, Vollgas zu geben, welcher wäre das?
„Ganz einfach: Wenn du den Wunsch und Willen hast, etwas zu erreichen, dann wird es auch gelingen. Es liegt an dir selbst, was du draus machst. Bei mir zumindest war es so. Ich wollte Sterneköchin werden. Also lag es an mir selbst, den Weg zu gehen und mein Ziel zu erreichen."

PERSÖNLICHKEIT

Was würdest du deinem jüngeren Ich nochmal raten?
„Ich würde in noch mehr Zwei- und Drei-Sterne-Restaurants gehen und dort lernen. Ich hätte mich doch noch ein bisschen ausbilden lassen sollen (*lacht*)."

Wenn du eine riesige Anzeigentafel hättest, die du an einem beliebigen Ort dieser Welt aufstellen könntest, was würde draufstehen?
„Bitte die Restaurants wieder öffnen." (Lockdown-Zeit)

Was ist der schlechteste Rat, der häufig erteilt wird?
„Es wird schon. Nein, es wird nichts. Man muss schon selbst eine Lösung finden. Einfach abwarten, das ist nicht meins. Ich würde immer selbst in Aktion treten."

> „Einfach abwarten, das ist nicht meins. Ich trete lieber selbst in Aktion."

Julia, hast du ein Lebensmotto?
„Ja: ‚Träume nicht dein Leben, lebe deinen Traum!' Ich versuche immer, meine Ziele zu erreichen und ich gebe meine positive Energie an alle anderen weiter, damit wir gemeinsam an einem Strang ziehen."

Die persönlichen Hacks von Julia Komp findest du im Audio des Interviews (s. Abb. 8.1).

Abb. 8.1 Fast Lane Julia Komp

9

Der neue Shooting Star – Vom jüngsten direkt gewählten Abgeordneten im Hessischen Landtag mit Tourette: Interview mit Bijan Kaffenberger

> » „Man darf nicht zu einem Erfolgsjunkie werden und denken, man muss sich immer von einem Highlight zum nächsten hangeln!" Bijan Kaffenberger

Bijan Kaffenberger

Schon als Bijan Kaffenberger sieben Jahre alt war, schrieb er in Freundschaftsbüchern den Wunsch auf, Bundeskanzler zu werden. In jungen Jahren wurden das Tourette-Syndrom und ADHS bei ihm diagnostiziert. Obwohl sich viele Menschen mit Tourette zurückziehen, war für Bijan Kaffenberger klar: Er will in die Politik! Mit 29 Jahren wurde der studierte Volkswirt als jüngster Abgeordneter in den Hessischen Landtag gewählt. Er gilt als gleißendes Vorbild, dass man – auch mit einem Handicap – in der Politik wie auch in jedem anderen Lebensbereich sehr erfolgreich sein kann.

Ergänzende Information Die elektronische Version dieses Kapitels enthält Zusatzmaterial, das berechtigten Benutzern zur Verfügung steht. https://doi.org/10.1007/978-3-658-35022-2_9

Krafttier: Mini-Bullterrier

INTRO

Bijan, an was denkst du, wenn du die Worte Spitzenleistung und Erfolg hörst?
„Spitzenleistung? Ja ich würde für mich erst mal sagen, das bedeutet für mich Ziele erreichen, die man sich selbst gesteckt hat. Ich glaube, Zielerreichung ist immer ein Erfolg, und gleichzeitig glaube ich auch, dass man sich die Ziele eben selbst steckt und dass man sich diese nicht von anderen Leuten vorgeben lässt. Also es muss auch etwas Selbstbestimmtes sein und ich denke, dass das für mich Erfolg ist."

Hast du von Zuhause Eigenschaften mitbekommen, die dir geholfen haben, deine PS ein Stück weit erfolgreicher auf die Straße zu bringen?
„Ja, meine Großeltern haben auf jeden Fall ein Teil dazu beigetragen. Mein Opa war Maschinenschlosser bei der Bahn und meine Oma war Hausfrau und hat zwischendrin noch Teilzeit geputzt. Das sind so klassische Arbeiterfamilien, also irgendwie Verlässlichkeit und Fleiß. Ich denke schon, dass das dazu beigetragen hat, dass ich immer fleißig war und so verbindlich und verlässlich bin. Es hat mir jedenfalls nicht geschadet."

» „Die anderen haben schon mal gezweifelt: Mein Gott, schafft er das mit dem Tourette?"

Menschen mit Tourette ziehen sich eher zurück. Du hast dich entschieden, in die Politik zu gehen und bist sehr erfolgreich. Gab es in deinem Leben einschneidende Ereignisse, die sich im ersten Moment nicht gut anfühlten, aus denen aber etwas Gutes entstanden ist?
„Na ja, meine Mutter ist ganz früh gestorben, da war ich sechs, dann bin ich zu meinen Großeltern gekommen. Das war natürlich schon mal ein einschneidendes Erlebnis. Ich kann jetzt tatsächlich nicht im Nachhinein sagen, wie es gewesen wäre, wenn ich bei meiner Mutter aufgewachsen wäre. Aber allein die Tatsache, dass mich meine Großeltern trotz eines so großen Verlusts aufgenommen und unterstützt haben, das war in dem Moment einfach wichtig. Sonst hätte es, wie gesagt, auch vielleicht ganz anders ausgehen können. Und meine Großeltern haben sich um mich gesorgt. Ihnen war wichtig, dass ich eine gute Schulbildung bekomme, und das hat unglaublich viel ausgemacht. Aber gleichzeitig war es so, dass ich in der Familie der Erste war, der Abitur gemacht und dann auch studiert hat. Meine Großeltern waren in dieser Hinsicht vielleicht einfach, sie kannten sich einfach mit dem Thema Studium nicht aus. Die haben schon mal gezweifelt: Mein Gott, schafft er das mit dem Tourette? Oder wie ist das generell mit Studium und wie finanziert man so was? Was studiert man da? Davon hatten sie einfach keine Ahnung und ein bisschen Sorge, dass es mit dem Tourette irgendwie schwierig wird – auch schon in der Schule. Insofern, ja, es gab doch immer mal Zweifel im Umfeld, ob das alles so reibungslos läuft bei mir. Aber am Ende hat sich gezeigt, dass alles ganz gut funktioniert hat."

KLARHEIT

Ich habe über dich gelesen – und das fand ich so sympathisch – dass du mit sieben Jahren in Freundschaftsbüchern eingeschrieben hast, dass du gern mal Bundeskanzler werden möchtest. Hattest du schon immer die Vision, in die Politik zu gehen? War das schon immer ein Ziel von dir?
„Na ja, also in diesen Poesiealben steht ja immer viel drin, und ich glaube, da sind auch ganz viele Leute, die haben damals Tierärztin reingeschrieben oder Polizistin oder Feuerwehrmann. Die wenigsten von

denen sind heute das geworden. Es sind natürlich immer kindliche Träume. Ich würde eher sagen, dass sich das entwickelt hat im Laufe der Zeit. Ich habe ja dann im Gymnasium Politik und Wirtschaft als Leistungskurs gehabt, war in der Schülervertretung engagiert und kam darüber zu den Jusos. Ich glaube, das hat sich wirklich eher so entwickelt. Ich hatte immer schon Spaß am Diskutieren. Als Kind, wenn ich mit meiner Oma oder Uroma durch den Ort gelaufen bin, Wahlen waren und da Plakate hingen, habe ich mich schon immer interessiert gefragt, wer denn da drauf ist und warum. Und insofern schon immer Interesse an Politik gehabt. Dass das dann wirklich mein Beruf wird, das hat sich tatsächlich eher ergeben."

> „Man darf nicht so verbissen sein und denken, man müsste jeden Tag den nächsten Schritt machen."

„Aber ich glaube, man muss auch ein bisschen wegkommen von diesem Gedanken, dass an jedem Tag irgendwas erreicht werden muss. Man braucht schon Ziele, aber die können auch manchmal einen längeren Zeithorizont haben, und man muss da schon dranbleiben. Aber man darf jetzt nicht so verbissen sein und denken, man müsste jeden Tag den nächsten Schritt machen. Manche Dinge brauchen eben Zeit. Ein gutes Beispiel ist, wenn mich jemand fragt, was ich langfristig machen will. Ich bin jetzt erst mal mindestens noch zweieinhalb Jahre Landtagsabgeordneter und einmal trete ich auf jeden Fall noch an, das weiß ich. Aber ich bin jetzt 31 und werde in meinem Leben auch noch mal irgendwas anderes sein als zwangsweise Landtagsabgeordneter. 35 Jahre lang kann man den Job auch nicht machen. Im Moment bin ich aber in einer Phase, in der ich sehr früh einen sehr großen Schritt gemacht und schon sehr viel Öffentlichkeit habe. Insofern besteht für mich jetzt gerade überhaupt kein Druck oder keine Notwendigkeit, den nächsten Schritt zu gehen. Das wäre auch schlicht und ergreifend viel zu früh. Niemand muss mit 31, mit 32 oder mit 33 Bundesminister oder so werden. Das ist Quatsch. Und das meine ich mit diesen realistischen Ansprüchen an sich: Einfach auch mal zufrieden zu sein, wenn man was erreicht hat – zumindest für eine gewisse Zeit, ohne dabei bräsig zu werden. Man darf nicht zu einem Erfolgsjunkie werden und denken, man muss sich jetzt von einem Highlight zum nächsten hangeln. Man muss schon auch eine gewisse Zufriedenheit entwickeln, das ist wichtig."

> » „Es ist wichtig, einfach auch mal zufrieden zu sein, wenn man was erreicht hat."

Wenn du ein Ziel vor Augen hast, also wenn du eine ganz konkrete Sache erreichen möchtest, was hilft dir, bei dem Ziel anzukommen?
„Na ja, ich würde mich als optimistischen Realisten bezeichnen. Ich bin eigentlich immer gut gelaunt und glaube schon immer dran, dass ich meine Ziele erreichen kann. Allerdings bin ich jetzt auch kein Utopist. Also ich denke jetzt nicht, dass ich irgendwie der nächste Bundeskanzler werde. Und wenn ich eine Firma gründen würde, z. B. in der Digitalbranche, würde ich auch nicht sagen: ‚Ich mache jetzt hier meine Mission, die Welt zu verändern.' Ich glaube, man kann die Welt verändern, auch im Kleinen, ohne dass man sich dafür Riesenziele stecken muss. Also quasi mit Freude und Optimismus an realistische Ziele rangehen – das ist mein Credo. Vielleicht muss man manchmal auch ein bisschen demütig sein, zumindest ein bisschen."

> » „Ich würde mich als optimistischen Realisten bezeichnen. Mit Freude und Optimismus an realistische Ziele rangehen – das ist mein Credo."

ANTRIEB

Gibt es bei dir auch Phasen, in denen du nicht motiviert bist oder festhängst? Was machst du in solchen Momenten?
„Erst einmal, grundsätzlich habe ich schon viel Spaß an dem, was ich mache. Aber klar, manchmal – das ist, glaube ich, in jedem Job so oder bei jedem Menschen – habe ich auch mal Frust. Und ich gebe auch offen zu, ich lasse den raus. Ich kann mich leidenschaftlich über Dinge aufregen, aber probiere das halt, wie soll ich sagen, im engsten Kreis zu machen. Und wenn ich mich dann aufgeregt habe, es dann aber auch zu vergessen und dann ist die Sache erledigt. Ich versuche dann, nicht so nachtragend zu sein, das mit mir rumzuschleppen, sondern ich kotz mich mal irgendwo aus, ohne dass mich das belastet. Ich rege mich dann halt drüber auf. Und dann ist auch gut. Ich sehe zu, dass ich mich dann wieder auf die ganzen schönen vielseitigen Dinge meines Berufs, die auch Spaß machen, konzentriere."

> » „Grundsätzlich habe ich schon viel Spaß an dem, was ich mache."

Welche Fähigkeiten durftest du lernen, seitdem du deine politische Karriere angefangen hast?
„Ich habe vorher am Lehrstuhl, an der Uni und im Ministerium, strukturiertes Arbeiten gelernt, wissenschaftliches Arbeiten, Methodik und so was. Und ich hatte auch schon immer eine gute und schnelle Auffassungsgabe, das kam mir sicherlich zugute. Aber im Wahlkampf habe ich dazugelernt, wirklich mit Menschen ins Gespräch zu kommen, meine kommunikative Gabe noch mehr zu nutzen und mich einfach breiter aufzustellen. Natürlich konnte ich das auch ein bisschen vorher. Ich habe ultraviele Gespräche mit Menschen geführt und einfach probiert, noch viel mehr breitere Facetten der alltäglichen Probleme kennen zu lernen, aufzunehmen und zu verarbeiten. Und ich glaube, dass die Konfrontation mit vielen verschiedenen Alltagsproblemen der

Menschen während der Zeit als Abgeordneter dazu beiträgt. Und das ist durch Corona auch noch mal mehr geworden, zum Beispiel ob sich jetzt junge Familien wegen der Kitabetreuung melden oder ein Selbstständiger, der auf eine Hilfszahlung vom Staat wartet, oder Auszubildende, die ihre Abschlussprüfung nicht machen können, und andere praktische Dinge, mit denen man selber vorher nichts zu tun hatte. Und ich glaube, das ist schon noch mal was, was einfach in den letzten Jahren massiv dazu gekommen ist. Dieses persönliche Gespräch, Wertschätzung gegenüber Menschen, sich Zeit nehmen für Menschen."

» „Im Wahlkampf habe ich dazugelernt, wirklich mit Menschen ins Gespräch zu kommen, meine kommunikative Gabe noch mehr zu nutzen und mich einfach breiter aufzustellen."

ENERGIE

Du hast als Politiker nicht nur im politischen Wahlkampf einen anstrengenden Tag vor dir. Was tust du für deine Kraft und Energie? Hast du eine gewisse Morgen- oder Abendroutine? Und treibst du viel Sport?

„Ich habe einen großen Vorteil, den hatte ich schon immer, vor allem in den stressigen Zeiten: Ich kann immer und überall und zu jeder Tageszeit in jeder Position schlafen. Ich kann tagsüber im Zug ein Powernap machen, ich kann morgens lang schlafen, ich kann abends, nachmittags auf der Couch, im Bett schlafen, in der Küche im Sitzen oder im Plenarsaal. Letzteres nicht, also wirklich nicht *(lacht)*. Ich habe auch schon früher einfach so auf dem Tisch eine halbe Stunde im Büro schlafen können, wenn es wirklich nicht mehr ging. Das hat mir viel genützt, glaube ich. Und nach wie vor mache ich gerne Sport. Ich gehe regelmäßig laufen und eigentlich auch ganz gerne mal Fußball spielen. Also Sport als Ausgleich und einfach, um auch körperlich fit zu bleiben, wenn man sonst so viel vor dem Rechner oder in Besprechungen sitzt."

> „Ich glaube, einen wirklich guten Schlaf zu haben, das ist schon elementar."

Was machst du in den ersten 60 Minuten deines Tages?
„In den ersten 60 Minuten meines Tages lese ich entweder Zeitung oder höre Info-Radio, also entweder hr-Info oder Deutschlandfunk morgens und trinke Kaffee. Genau das mache ich. Und ich schau schon mal, ob irgendwas dringlich ist in den Mails oder in den Nachrichten, das erledige ich dann auch."

Und in den letzten 60 Minuten? Hast du ein Abendritual?
„Also ich würde sagen, ich sitze abends schon viel auf der Couch und mache das, wofür ich den Tag über keine Zeit hatte. Entweder lese ich noch weiter – ich habe zum Beispiel „Die Zeit" abonniert und da sind ja immer mehr Artikel, als man lesen kann – oder ich höre auch immer noch mal Zeit-Audio mit Artikeln, die vorgelesen werden. Ich gucke aber auch oft einfach einen Film auf Netflix oder auch Dokus – schon eher irgendwas Passives. Es passiert aber auch oft, dass spätabends noch irgendwelche Leute mit mir telefonieren wollen. Das bleibt auch nicht aus."

In stressigen Situationen, da nehmen deine Ticks zu. Was machst du in solchen Momenten?
„Ich habe jetzt keine konkrete Strategie, die ich dann anwende, damit ich entspannter werde, aber ich probiere schon, strategisch alles zu veranlassen, damit die Situation entspannter wird. Zum Beispiel schicke ich meinem Büro eine WhatsApp-Nachricht, dass der Nachfolgetermin eine Viertelstunde später wird, wenn ich merke, dass ich zu spät dran bin und probiere einfach, ruhig zu bleiben. Aber der Vorteil als Abgeordneter ist, im Zweifel warten auch die anderen Mal auf einen *(lacht)*. Das ist natürlich nicht immer gut und das sollte man sich auch nicht zum persönlichen Credo machen. De facto ist es natürlich schon so, dass es dadurch für einen persönlich ein bisschen einfacher wird sich

selber nicht so zu stressen, weil man weiß, dass die Leute im Zweifel auch auf einen warten, weil sie Verständnis dafür haben, dass man viel zu tun hat und dass es noch andere Termine gibt. Aber ich probiere echt, meine Struktur einzuhalten. So was gibt mir schon auch Halt. Wir beide waren heute um zehn verabredet, ich war um zehn da. Ich weiß, dass um elf der nächste Termin ist und dass wir hier strukturiert durchkommen. Wir haben noch jede Menge Zeit und ansonsten muss ich mich halt kürzer fassen."

PRODUKTIVITÄT

Du hast viel Arbeit auf dem Tisch. Du hast viele Termine. Wie schaffst du es, strukturiert und produktiv zu arbeiten?
„Ich bin schon jemand, der strukturiert arbeitet, gebe aber offen zu, dass ich auch manchmal nicht so strukturiert bin – aber ich strukturiere mich aktiv. Das ist schwierig zu beschreiben: Ich habe einfach ein Gefühl für Prioritäten. Es gibt ja auch Leute, die sagen, man soll eine Liste machen. Das ist so Managementliteratur-mäßig. Ich bin ja selbst Volkswirt, ich habe das ja auch alles zumindest theoretisch überflogen, wobei das natürlich auch eine andere Form von Literatur ist. Aber ich gehe da nicht so strukturiert vor. Ich glaube, ich habe das einfach so ein bisschen internalisiert, dass ich weiß, was ist wie dringend, was ist wichtig. Vieles hat aber auch mit Lust zu tun. Ich habe keine festen Uhrzeiten, dass ich irgendwie sage, ich mache immer morgens zwischen neun und elf die komplexen Sachen und mache mein Handy aus. Es ist bei mir eher so, dass ich Spaß und Lust auf Sachen haben muss, das ist schon wichtig. Es kann sein, dass es 22 Uhr ist und ich mir noch mal zwei Stunden dafür nehme, um einen Text zu schreiben, für den ich Ruhe brauche. Es kann aber genauso sein, dass eine Lücke im Terminkalender ist, wo ich mal mittags drei Stunden habe und mir sage: ‚Jetzt habe ich da Lust drauf, jetzt mach ich das.' Klar, irgendwann pressiert es auch. Aber wenn ich es mir einteilen kann, dann mache ich es schon dann, wenn ich am meisten Bock drauf habe. Da ich ADHS und Tourette habe, springe ich sehr oft auf neue Themen. Aber gleichzeitig sehe ich das auch positiv: Dadurch bin ich für verschiedene Sachen

begeisterungsfähig. Es kommt aber vor, dass ich Dinge anfange und nicht immer alle Sachen zu Ende mache. Ich glaube, das gehört auch dazu, vielleicht mal was anzufangen, worauf man Lust hat, aber dann auch zu entscheiden, nein, das lasse ich."

Du bist in den sozialen Medien präsent, du hast einen YouTube-Kanal. Ablenkung ist da ein großes Thema. Wie schaffst du es, deinen Fokus zu halten?
„Ja, YouTube ist ein gutes Beispiel, also ich habe ja mit „Touretikette" eineinhalb Jahre YouTube gemacht. Das war super geil und ganz viele Leute fragen mich: ‚Hey wieso machst du das nicht mehr?' Es hatte seine Zeit und es war erfolgreich und es hat Spaß gemacht. Aber irgendwann ist es dann auch gut. Und dann muss man halt was Neues machen. Und so war das bei YouTube auch ein bisschen. Ich trauere dem auch nicht hinterher. Das war cool und ich würde es auch nicht missen wollen. Aber es ist in Ordnung, dass ich es jetzt nicht mehr mache. Ich selber verbringe keine Zeit auf YouTube. YouTube gibt es halt, und ich weiß, wie es funktioniert, ich weiß, was es da gibt. Aber ich verbringe keine Zeit auf YouTube und muss mich in Social Media manchmal eher bremsen. Also es liegt ja nicht nur an mir, sondern es liegt an diesem Algorithmus, der so gemacht ist, dass wir immer wieder mal reinschauen. Allein schon das Handy öfter mal wegzulegen, ist sehr wichtig. Und ja ansonsten, wenn ich konzentriert am Arbeiten bin, am Rechner, da kann ich mich schon auch ziemlich einsaugen lassen. Mich zu konzentrieren, das geht schon wirklich gut. Und ich glaube, das ist wichtig. Und dann vergesse ich auch mein Handy und mein Drumherum. Dann vergesse ich auch zu trinken und zu essen. Solche produktive Zeit, die gibt es leider viel zu selten."

» „Das Handy öfter mal wegzulegen, ist sehr wichtig."

EMOTIONALE STABILITÄT

Hast du Momente, in denen dich Ängste und Zweifel einholen? Was machst du dann?
„Sorgen, Ängste, also dafür bin ich glaube ich irgendwie zu rational. Ich weiß, dass quasi meine Ausbildung, die ich genossen habe als Volkswirt und mein jetziger Beruf und meine Bekanntheit in Summe einfach dafür sorgen, dass ich mir wahrscheinlich keine Gedanken darüber machen muss, mal ein Einkommen zu erzielen, was mein Überleben sichert. Ich weiß nicht, ob ich immer so viel verdienen werde wie jetzt. Aber es gibt auch nicht so viel Gründe, die mich annehmen lassen, dass mein Gehalt unter irgendeine Grenze sinken wird, bei der ich mir Sorgen machen müsste, dass ich irgendwie nicht mehr leben kann. Und insofern wäre es ja irrational, sich um irgendwas Sorgen zu machen, wenn erst mal alle materiellen Bedürfnisse grundsätzlich gedeckt sein werden. Ja, das lässt einen dann doch auch entspannt sein. Aber ich glaube, das ist das, was ich vorhin auch schon mit dieser realistischen Einschätzung gesagt habe. Das Leben kann nicht immer nur bergauf gehen, und es kann auch nicht immer jeden Tag ein neues Projekt geben."

> » „Das Leben kann nicht immer nur bergauf gehen."

Was macht dich glücklich?
„Ich glaube, mich macht das glücklich, was ich mache. Ich genieße vor allem die Vielseitigkeit und die Abwechslung im Job, in der Politik und dass ich ziemlich frei selbst auch viele Schwerpunkte wählen konnte. Ich habe mich in die Digitalpolitik eingearbeitet als Referent im Ministerium und bin jetzt digitalpolitischer Sprecher in der SPD-Landtagsfraktion in Hessen geworden. Ich kann meine Zeit sehr flexibel einteilen, abseits von den Sitzungen zumindest. Ich mache auch ab und zu ein bisschen Theater, was mir ziemlich viel Spaß macht und habe mich

zum Beispiel über das Thema Theater auch noch mal Richtung Kulturpolitik orientiert. Ich glaube einfach, diese Abwechslung, der Austausch mit Menschen und die Vielseitigkeit im Job, die machen mich schon sehr glücklich."

MUT

Als ich dich zum Interview eingeladen habe, hat kurz danach das Telefon geklingelt. Du warst dran und hast gesagt: „Kathrin, da mache ich mit". Bist du ein Mann der Tat?
„Ich würde eher sagen, ich bin mutig und entscheidungsfreudig. Wenn ich eine neue Herausforderung sehe, denke ich nach, wäge dann kurz Chancen und Risiken ab und sehe meistens schon die Chancen überwiegen. Und bei dir habe ich mir auf jeden Fall gedacht, das ist doch eine super Gelegenheit, um über echt viele coole Themen zu sprechen. Und wenn dann noch so viel andere spannende Leute dabei sind, dann mache ich da mit. Und, genau, dann habe ich mir gedacht, das Beste ist doch einfach, man sagt dann auch gleich zu und macht das Ding fest."

> » „Wenn ich eine neue Herausforderung sehe, denke ich nach, wäge dann kurz Chancen und Risiken ab und sehe meistens schon die Chancen überwiegen."

Welche mutigen Schritte hast du in deinem Leben gewagt? Was waren Hauptmeilensteine, bei denen du sagst: „Da war ich besonders mutig"?
„Na ja, mit diesem Studium der Wirtschaftswissenschaften in Frankfurt, das war mutig. Da war ich halt der erste in der Familie, der studiert hat, und dann bin ich ja ausgezogen. Ob das Mut alleine war, weiß ich nicht, ich wollte auf jeden Fall von Zuhause raus und mein eigenes Ding machen. Ich glaube, das ist ja auch nicht untypisch für junge

Menschen, die dann ihr Abitur haben, dass sie mal von Zuhause wegwollen, ihr eigenes Ding machen wollen. Das war schon auf jeden Fall ein erster Schritt. Dann habe ich meine Promotion angefangen, aber aufgrund eines Jobs im Thüringer Wirtschaftsministerium mir gesagt, dass ich was anderes mache und probiere, die Promotion berufsbegleitend zu machen und in Thüringen als Referent zu arbeiten. Ich gehe mal nach Erfurt. Okay, in Erfurt, kenne ich jetzt niemanden. Was will ich da. Ist irgendwie auch nicht so cool wie Frankfurt. Ja, aber mein Gott, machen wir mal. Und dann habe ich irgendwann gemerkt, dass mir der Job Spaß macht. Ich kann da viel mitnehmen und viel lernen. Ich kam aber mit der Promotion nicht mehr so voran, und erkannte dann irgendwann, dass das mit der Promotion wahrscheinlich nichts mehr wird. Ich hatte Berufserfahrung gesammelt und mir gefiel das auch alles. Aber es durfte schon ein bisschen mehr sein, und ich traute mir zu, einen Wahlkreis, der vorher von der CDU besetzt war, für die SPD zurückzugewinnen. Diesen Schritt zu machen, alles auf diese Karte zu setzen und drei Monate in den Wahlkampf zu gehen und es durchzuziehen, das war mutig."

Ist Scheitern erlaubt?

„Ja, selbstverständlich ist Scheitern erlaubt. Also ich glaube, man kann nie immer alles schaffen, das wäre vermessen zu glauben. Dann setzt man die Ziele vielleicht doch ein bisschen zu gering. Ich hatte bisher das große Glück, noch nie wirklich zu scheitern. Ich will nicht sagen, dass ich an der Promotion gescheitert bin. Ich habe einfach nur für mich eine Entscheidung getroffen, meine Promotion berufsbegleitend neben einem Fulltimejob nicht mehr zu machen. Und sie hat auch schlicht und ergreifend einfach keinen Sinn gemacht, weil sie für die eigentliche Zielerreichung – und das war dann, dass ich Politik machen wollte – ja auch gar nicht so notwendig oder hilfreich war. Man darf auch Dinge nicht zu Ende machen, wenn es einen sinnvollen Grund dafür gibt. Also man muss immer schauen, was bringt es mir und warum mache ich es. Und ich habe meine Promotion nicht wegen des Doktortitels angefangen, sondern weil mir die Forschungsgegenstände im Bereich der Banken und der Bankenregulierung Spaß gemacht haben. Ich habe auch gerne am Lehrstuhl gearbeitet, es war eine coole Zeit und es hat Spaß gemacht. Und ich hätte es auch einfach nicht meinen Ansprüchen entsprechend fertigmachen können. Dann lieber ein Politiker ohne Doktorarbeit als ein Politiker mit einer nicht so guten Doktorarbeit."

» „Man darf auch Dinge nicht zu Ende machen, wenn es einen sinnvollen Grund dafür gibt. Man muss immer schauen, was bringt es mir und warum mache ich es."

EINFLUSS

Als Politiker muss man die Menschen nicht nur im Wahlkampf begeistern. Wie schaffst du es, Menschen zu inspirieren, zu überzeugen und vor allen Dingen mit Ideen voranzugehen, die alle vorwärtsbringen?

„Ich glaube, dass ein wesentlicher Teil Authentizität ist, dass man offen ist gegenüber Menschen und dass man gleichzeitig auch seine Bekanntheit nicht mit seiner Bedeutung verwechselt. Also nur, weil ich jetzt der bekannte Abgeordnete bin, kriegt bei mir auch nach wie vor – und das ist mir extrem wichtig – jeder Mensch aus dem Wahlkreis zeitnah eine Antwort auf eine E-Mail oder einen Gesprächstermin. Und einfach man selbst zu bleiben, authentisch und offen zu sein und sich selbst nicht zu ernst zu nehmen, ist einfach extrem wichtig. Weil man nahbar bleibt, sich selber treu bleibt und sich an das halten will, was man verspricht. Ein politisches Motto, das Zitat von Johannes Rau aus einer Berliner Rede im Jahr 2004, das habe ich auch bei meiner Nominierungskonferenz gesagt: ‚Nichts stärkt das Vertrauen im Menschen mehr, als die Übereinstimmung von Wort und Tat.' Und ich glaube, es sind manchmal auch diese einfachen Credos, die man sich immer wieder gebetsmühlenartig bewusstmachen muss. Dann kann man, auch langfristig und nachhaltig, bei Menschen nicht den Eindruck vermitteln, dass es einem nur um den eigenen Erfolg geht. Sondern man bleibt bei sich oder, wie man im Politikjargon sagen würde, ‚volksnah'."

Wie gehst du mit Menschen um, die Vorurteile gegenüber Tourette haben?
„Ja, ach ich habe leider Gottes in meiner Karriere und auch schon in meiner Jugend immer mal wieder mit solchen Menschen zu tun gehabt und erlebe leider auch immer mehr, dass Vorurteile gegen ganz verschiedene Dinge, sei es jetzt Herkunft oder sozialer Status oder Behinderung, Geschlecht, sexuelle Orientierung, was weiß ich, in unserer Gesellschaft immer noch weit verbreitet sind. Man muss da zwei Formen unterscheiden, glaube ich. Es gibt die bösartigen Vorurteile, ich glaube, das sind Sachen, da kann man auch nicht überzeugen. Wenn sich jemand abfällig oder abwertend über Menschen mit Behinderung äußert und zu mir sagt, ich sei ein Spasti, das geht überhaupt nicht und das ist einfach nicht zu entschuldigen. Und es gibt, glaube ich, die Form von Vorurteilen, die nicht böse gemeint sind, aber einfach aus Unwissen, aus Unkenntnis herauskommen. Also wenn halt Leute einfach nicht wissen, was Tourette ist oder was Tourette ausmacht, dann kann man bei denen, glaube ich, einfach durch Aufklärung den eigenen Horizont erweitern und ihnen überhaupt die Möglichkeit geben, sich mal mit dem Thema auseinander zu setzen. Manche haben ja auch einfach Angst zu fragen und was Falsches zu sagen. Und deswegen gebe ich viele Interviews im Fernsehen, probiere das Thema Tourette zu erklären und gehe so offen und direkt damit um. Gleichzeitig heißt es für mich aber auch, wenn jemand Grenzen überschreitet und einfach diskriminierend ist, dann muss man da ganz klar sagen, dass das nicht geht und darf das nicht tolerieren. Und ich glaube, deswegen ist es wichtig, dass man sich differenziert mit dem Thema Vorurteile auseinandersetzt, ohne quasi alle Leute vor den Kopf zu stoßen, die jetzt nicht von vornherein die ICD 10-Definition von Tourette auswendig können."

Möchtest du ein Stück weit Vorbild sein und Menschen mit Einschränkungen oder Besonderheiten Mut machen, einfach loszulegen?
„Tourette-Posterboy ist jetzt nicht mein Ziel. Aber wir waren ja vorhin schon bei dem Thema Pflichtgefühl. Ich glaube, wenn viele Menschen mit Tourette oder in anderer Form von Handicap über ihre Erkrankung oder Behinderungen in der Öffentlichkeit sprechen und aufklären, dass die auch eine gewisse Verpflichtung haben, diese Teilhabe für andere zu erkämpfen. Ich mache das quasi nicht, weil ich das irgendwie für mich als Rolle sehe, sondern einfach, weil ich es kann und weil ich glaube, dass das auch für die Leute was bringt, die es eben nicht selbst können. Ich glaube sehr, so ein bisschen was Pflichterfüllendes und so eine Stellvertretung einzunehmen. Es ist eine schöne Geschichte mit mir. Aber es ist eben noch, wie du schon sagtest, eher die Ausnahme als die Regel – leider. Und ich freue mich deswegen auch, wenn sehr viele Menschen sich freuen, dass ich in der Politik Sichtbarkeit für Tourette schaffe. Ich freue mich schon, wie gesagt, auch über dieses Feedback. Und es zeigt mir auch immer, dass ich auf dem richtigen Weg bin."

MEINE PERSÖNLICHEN PERFORMANCEHACKS

Bijan, was ist dein ganz persönliches Erfolgsgeheimnis?
„Ich würde schon sagen, es ist die Authentizität. Ich glaube, man sollte sich einfach nicht verstellen. Man sollte versuchen, immer man selbst zu bleiben und anderen Menschen grundsätzlich unvoreingenommen und offen begegnen. Und ich glaube, dass das das Wesentliche ist, dass alle Menschen einen als positives Gegenüber annehmen. Dann steht, denke ich, dem eigenen Erfolg auch nichts im Wege."

> » „Wenn man irgendwo erfolgreich sein will, dann geht es nicht ohne Freude und Spaß daran."

Du verbringst jeden Tag Spitzenleistung. Freude und auch Begeisterung für das, was du tust, ist dein großes Credo. Würdest du sagen, dass es damit leichter ist zu leisten?
„Ja, ich glaube, wenn man irgendwo erfolgreich sein will, dann geht es nicht ohne Freude und Spaß daran. Sonst macht man sich selbst kaputt, und ich würde allen davon abraten, das zu tun. Weil das ist, wie soll ich sagen, keine nachhaltige Erfolgsstrategie. Das ist quasi Raubbau an sich selbst und das führt definitiv langfristig nirgendwo hin."

PERSÖNLICHKEIT

Was wärst du geworden, wenn du nicht der geworden wärst, der du jetzt bist?
„Wahrscheinlich hätte ich meine Promotion beendet und wäre dann als promovierter Volkswirt in irgendeiner Institution oder auch in einem Unternehmen gelandet."

Was war das Netteste, was jemals jemand für dich getan hat?
„Das Netteste, was jemals jemand für mich getan hat? Wahrscheinlich schon meine Großeltern, dass sie quasi gesagt haben, sie stellen im hohen Alter noch mal ihr Leben komplett um und nehmen ein Kind bei sich auf. Ich meine, mein Opa ist dann in Vorruhestand gegangen und hat sich voll um mich gekümmert, und ich glaube, das ist schon sehr nett."

Was ist der schlechteste Rat, der häufig erteilt wird?
„Ich glaube Konformitätsdruck, also seine Individualität hintanzustellen, ist der schlechteste Rat, der häufig erteilt wird."

Was würdest du deinem jüngeren Ich raten?
„Ich würde, glaube ich, früher mehr lesen. Ich habe mir viel zu spät Zeit genommen, um Bücher zu lesen."

Die persönlichen Hacks von Bijan Kaffenberger findest du im Video des Interviews (s. Abb. 9.1).

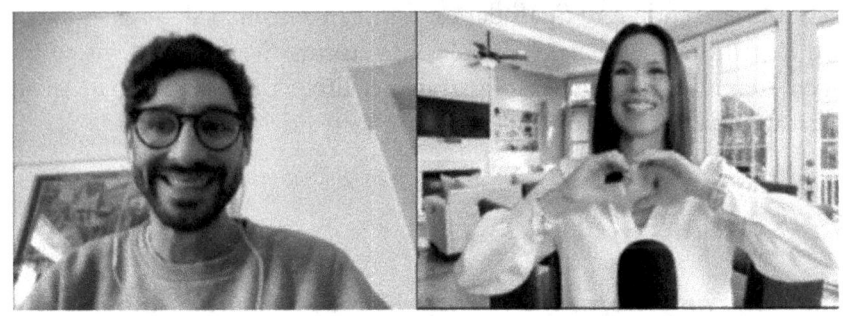

Abb. 9.1 Fast Lane Bijan Kaffenberger

10

Sein Herz brennt – Der Pionier der deutschen Skateboard-Szene auf junger Mission: Interview mit Titus Dittmann

> „Mach dein Ding. Lass dir nicht reinreden. Aber trag die Verantwortung, wenn es schiefgeht!" Titus Dittmann

Titus Dittmann

Er ist Unternehmer, Autor, Rennfahrer, Uni-Dozent aber vor allem eines: Der Pionier der deutschen Skateboard-Szene. Innerhalb der letzten 40 Jahre hat die Leidenschaft des studierten Pädagogen die Skateboard-Szene in Deutschland und Europa geprägt. Für Titus Dittman ist Skateboarding mehr als ein Trendsport oder eine Freizeitbeschäftigung für pubertierende Rotzlöffel. Sein Herz brennt so sehr, dass er sogar seine eigene Stiftung – die „skate-aid" – gründete, um Kinder in entwicklungsschwachen Ländern stark zu machen und dabei die Kraft des Skateboardfahrens zu nutzen.

Ergänzende Information Die elektronische Version dieses Kapitels enthält Zusatzmaterial, das berechtigten Benutzern zur Verfügung steht. https://doi.org/10.1007/978-3-658-35022-2_10

Kraftsymbol: Skateboard

INTRO

Titus, als der Skateboard-Trend nach Deutschland schwappte, hast du gedacht: „Was für ein Kinderkram!" Wie hast du es geschafft, dafür eine Leidenschaft zu entwickeln?
„Ich sage mal so: Die Medien, die waren gerade in den 60er-, 70er-Jahren schon sehr beeinflussend. Und Skateboarden wurde immer als dieser gefährliche, unnütze Kinderkram dargestellt. Deswegen war das für mich so erstaunlich, dass ich dann Ende 1977 so vom Skateboard-Fieber erfasst wurde. 1977 hat der Tagesschausprecher dem deutschen Volk verkündet, dass die Bundesregierung zusammensitzt und darüber berät, ob sie das Skateboardfahren in ganz Deutschland verbieten solle, weil man eine solche Gefahr auf die deutsche Jugend nicht zukommen lassen darf. Ich war ja Sportstudent und stand kurz vor dem Examen. Ich habe mich immer für Extremsportarten interessiert. Ich war einer der ersten Drachenflieger, ich habe die erste Snowboard-Weltmeisterschaft gemacht, ich bin einer der ersten Windsurfer. Pionier sein war einfach mein Leben. Aber das Skateboard ist eigentlich an mir erst mal vorbeigegangen, weil das in den Medien und in der Erwachsenenwelt als total nutzlose, irrsinnige Gefährdung von Jugendlichen abgetan wurde. 1978 habe ich Examen gemacht, da habe ich die ersten Skateboarder live gesehen und konnte mir mal selber einen Eindruck verschaffen. Dann sah ich auf einmal so einen Haufen pubertierender Rotzlöffel. Und da habe ich gedacht, ist jetzt verkehrte Welt, weil ich habe doch als Pädagogik-Student gelernt, die haben alle keinen Bock und du musst gucken, wie du die motivierst. Und plötzlich sehe ich genau die, die wollten Skateboard fahren lernen. Hatten nicht genug

Bretter, haben sich darum fast geprügelt und immer wieder den Hang runter. Und ich habe gedacht: Ist ja unfassbar. Wo kommt diese Energie her? Wo kommt diese Begeisterung her? Und das hat mich gleich auch mit begeistert, dass es überhaupt was gibt, wo intrinsische Motivation so geweckt wird. Da habe ich gefragt, ob ich das mal probieren darf. Die haben natürlich ganz mitleidig dem alten Sack da, der auf die 30 zugeht, ein Skateboard gegeben. Ich bin natürlich auch direkt auf die Fresse gefallen, wie alle. Aber dann war ich clever, weil ich ja Leistungsturner war. Dann habe ich einen Handstand auf dem Board gemacht, weil dann konnte ich mich wie ein Affe schön festhalten und hatte nicht das Problem, dass ich nur lose draufstand. Und ich konnte sofort im Handstand da runterfahren. Dadurch kam natürlich diese Akzeptanz der ganzen pubertierenden Rotzlöffel, dass ich da als alter Sack mit klarkomme. Ich habe mir sofort ein Skateboard gekauft und meiner Freundin auch. Und dann haben wir losgelegt und sind ständig Skateboard gefahren."

Du warst in deinem Leben sehr erfolgreich und bist es bis zum heutigen Tage. Was denkst du, wenn du wie Worte Erfolg und Leistung hörst?
„Was ist für mich Erfolg? Ist ziemlich klar. Erfolg ist für mich ganz eng damit verbunden, wie mein Belohnungszentrum durch andere Menschen bedient wird, zum Beispiel über die Anerkennung. Deswegen kokettiere ich ja auch gerne damit, wenn ich sage, ich habe nicht mal eine kaufmännische Ausbildung. Das ist natürlich dieses Fishing for Compliments: ‚Ey, bin ich nicht der Obergeilste? Ich brauche noch nicht mal zu lernen und ich mache das alles.' Ja, ist doch so. Und das ist Erfolg. Verstehst du? Wenn ich sagen kann, ich habe doch nichts gelernt und trotzdem was geleistet, das ist Erfolg."

» „Erfolg ist für mich ganz eng damit verbunden, wie mein Belohnungszentrum durch andere Menschen bedient wird."

Hast du von Zuhause Eigenschaften mitbekommen, die dir geholfen haben, deine PS erfolgreicher auf die Straße zu bringen?
„Mit Sicherheit bekommt ja jeder seine Sachen mit, aber das ist ja nur das eine. Wie bei einem Werkzeug, wenn man nicht damit umgehen kann, kann man mit dem Werkzeug nichts bewegen. Und wenn man ein scheiß Werkzeug hat, setzt es aber optimal ein, ist man extrem gut. Also es ist relativ, was man mitbekommen hat. Jeder bekommt wahrscheinlich genmäßig sein Päckchen mit. Aber ich glaube, das ist nur ein Faktor.

Die Möglichkeiten der erwachsenfreien Zeit als Kind haben mir sehr geholfen. Ich bin 1948 geboren, Sechs-Tage-Woche, Achtzig-Stunden-Woche, samstags noch Schule. Der Vater war nie zu Hause. Die Mutter musste den ganzen Haushalt allein machen. Es gab noch keine Nannys zur Kinderverwahrung, Putzhilfen und sowas konnte sich auch noch keiner leisten. Und jetzt nur einfach statistisch das Thema Zeit: Wie viel Auge und Konzentration kann man pro Kind aufbringen, wenn man den ganzen Job hat, so viele Kinder und keine Hilfe? Also sind zwangsläufig Sachen passiert, die heute nicht mehr passieren, denn in dem Übereifer, dass man das Beste für die Kinder will, macht man nämlich genau das Falsche. Und lässt sie keine eigenen Erfahrungen sammeln, denn das ist ja viel zu gefährlich. Der SUV wird bis auf den Schulhof gefahren. Früher hieß das, jetzt stell dich nicht an, nimm deinen Ranzen. Zack!

Und inzwischen weiß ich über meine ADHS-Aktivitäten. Und deswegen kann ich jetzt auch sagen, ja, das ist ein Riesen-Vorteil, dass mir das ADHS mitgegeben wurde. Es gibt eine Unternehmerin, die den ersten Verpackungsfrei-Laden in Berlin gemacht hat, mit der habe ich mich lange unterhalten. Und irgendwann hat sie zu mir gesagt, weil sie auch ADHS hat: ‚Titus, jetzt sei doch mal ehrlich. Unternehmertum ohne ADS, das geht doch gar nicht.' Und da kann ich ihr nur zustimmen, weil durch das ADHS hat man diese Energie, dieses ‚Man-kann-gar-nicht-anders'. Man erträgt keine Ruhezustände. Sobald man ein Ziel hat und hart daran arbeitet, fühlt man sich wohl, und man ist überhaupt nicht belastet, sondern ganz im Gegenteil. Belastung ist, wenn nichts passiert. Und das ist doch eine supergeile Voraussetzung für einen Unternehmer. Und es bekennen sich ja viele dazu."

> „Belastung ist, wenn nichts passiert."

KLARHEIT

Wenn du ein Ziel vor Augen hast, wie schaffst du es auch, tatsächlich da anzukommen?
„Ich plane überhaupt nichts im Leben, weil ich finde, Pläne sind für den Arsch. Damit versaut man sich sein Leben. Der Mensch plant ja nur, weil er Angst hat und die Angst in den Griff kriegen will. Und Angst hat der Mensch immer vor dem Unbekannten. Und die Zukunft ist unbekannt. Was viel wichtiger ist, ist ein Ziel oder eine Begeisterung im Kopf zu haben für irgendein Ziel, ob man das Ziel dann erreicht oder zwischendurch andere Ziele nimmt. Das Problem ist, wenn du nach dem Ziel kein Ziel hast. Wer sein Ziel erreicht im Leben, hat es nicht hoch genug gesteckt. Das ist für mich eigentlich das Geheimnis, was zu bewegen. Chancen nutzen, flexibel sein und nicht stur an Plänen hängen. Weil klar, haben Pläne Vorteile, aber die Vorteile, die Pläne haben, die hole ich mir auch. Nur ich nenne das mentales Training. Wenn man einen Plan macht, dann macht man den ja meistens auch mit dem Bewusstsein, daran will ich mich halten. Und Pläne machen, an die man sich halten will, ist für den Arsch – man hat doch keine Glaskugel. Wenn zum Beispiel jemand Schach spielt und versucht, einen Plan zu machen, wie er Schach spielt. Dann schaffe ich vielleicht zwei, drei Züge, mit allen Möglichkeiten, die der andere machen kann, und wie ich darauf reagiere. Das ist ja eigentlich einfacher, als einen Plan für das Leben zu machen. Im Leben sind ja noch mehr Unbekannte. Aber beim Schachspielen findet jeder, dass das doch Quatsch ist. Du kannst doch nicht ein ganzes Schachspiel bis zum Ende planen und hinterher sagen, dass du schon gewonnen hast und nicht mehr zu spielen brauchst – ich habe ja einen Plan."

> „Das ist für mich eigentlich das Geheimnis, was zu bewegen. Chancen nutzen, flexibel sein und nicht stur an Plänen hängen."

Wie wichtig ist es, eine klare Struktur zu haben?
„Das finde ich sehr hilfreich und wichtig. Der Mensch neigt ja immer zu den Extremen, weil er emotional ist. Auch im Markt – Angebot und Nachfrage stimmen nie überein. Ich nenne das Gesetz der Welle, weil der Mensch entweder zu viel in die eine oder in die andere Richtung geht. Aber irgendwann sollte man mal kapieren, dass man sich eigentlich bemühen sollte, eine Balance zu finden. Weil die Balance ist das, was alles weghaut, sozusagen das Positive von beiden Seiten der Medaille irgendwie zusammenzukriegen. Wenn man in einer Gemeinschaft lebt, dann hat man grundsätzlich diesen Konflikt zwischen Individualitätsbedürfnissen, das Bedürfnis nach Selbstbestimmung auf der einen Seite und auf der anderen Seite einfach die Notwendigkeit, gewisse Regeln einzuhalten, damit eine Gesellschaft funktioniert und damit man mit seinen selbstbestimmten Bedürfnissen die Selbstbestimmung anderer nicht zu stark einschränkt. Da wird man nie eine ideale Lösung finden. Aber immer, wenn Leute daran arbeiten oder darüber reden, gibt es nur ideologische Diskussionen, nur Extreme, die mit Realität nichts zu tun haben. Wir brauchen beides. Und deswegen, als Pädagoge sage ich immer ganz einfach, das kann man mit einer schönen breiten Autobahn oder wie auch immer vergleichen. Da hast du links und rechts knüppelharte Leitplanken, und wenn der Verkehr laufen soll, sind da die Leitplanken oder du brauchst schon ein verdammtes Auto, um die Leitplanken zu durchbrechen. Es ist gut, Leitplanken zu ziehen, und die Leitplanken müssen klar sein. Denn nichts liebt der Mensch mehr als Klarheit. Klarheit gibt ihm Sicherheit. Und wenn man in der Erziehung schon schwammig mit den Leitplanken ist und alles immer diskutiert, wird's schwierig. Man muss auch irgendwo Kompromisse finden und sagen, unsere Gesellschaft kann nur funktionieren, wenn das eingehalten wird. Bumm, fertig, zack!"

> „Nichts liebt der Mensch mehr als Klarheit, denn Klarheit gibt ihm Sicherheit."

Was hat dir geholfen im Leben den Fokus zu halten?
„Indem ich mich nie bemüht habe, einen Fokus zu haben. Und indem ich mich nie bemüht habe, irgendwelche Ziele, die ich mir theoretisch gesteckt habe, zu erreichen. Bei mir geht das alles über intrinsische Motivation, wenn mich auf einmal etwas, wie das Skateboardfahren, erfasst, weil ich mich da wiederfinde. Ich habe ja sechs Jahre mit Kindern mit ADHS-Diagnose gearbeitet. Skaten statt Ritalin – das funktioniert in der Praxis unglaublich gut. Da habe ich gedacht, das ist doch auch eine richtig geile Idee, Skaten auf Rezept durchzusetzen. Da wird so viel Scheiße ausgegeben für Medikamente und dann finde ich durch das Skateboarden eine Selbstbehandlung. Da muss man natürlich den Rahmen schaffen und wir dürfen uns nicht wie Lehrer verhalten und Ziele setzen und Fleißkärtchen geben. Das ist ja fremdbestimmtes Lernen. Das ist ja eine Motivation von außen, die Druck ist. Wenn mein Kopf mir keine Sinnhaftigkeit signalisiert, irgendetwas zu lernen, dann weigert sich bei mir alles, was zu lernen. Dann kann ich das nicht. So viel Selbstdisziplin habe ich nicht. Aber wenn der Mensch die Freiheit hat und selbst an etwas Spaß bekommen hat, das Herz dafür brennt und man sich selber das Ziel setzt, dann ist man ja plötzlich leidensfähig ohne Ende, man ist leistungsbereit, man hat plötzlich eine Fokussierung und braucht die nicht zu lernen. Alles kommt dann wie alleine geflogen. Und wenn das alles funktioniert, dann kommt man in den Flow. Beim selbstbestimmten Lernen funktioniert das einfach. Da braucht man die Einstellung: ‚Wow, habe ich Bock draufgehabt, wollte ich machen, habe mir selbst das Ziel gesetzt' und plötzlich ist das ganz einfach für mich."

Welche Fähigkeiten durftest du im Leben lernen, die du auch in der Wirtschaft einsetzen konntest?
„Das Skateboardfahren war eigentlich die Widerspiegelung der Gesinnung, die ich so hatte als ADHS-Kind. Denn ich kam natürlich

nicht mit der Erwachsenenwelt klar, vor allem in der Schule. Gott sei Dank, war ich ein Typ, der an sich geglaubt hat und der einfach diese Scheiße nicht geglaubt hat, die Erwachsene mir erzählt haben. Dass ich ein Loser bin und nichts draufhabe. Mein Lehrer hat mich irgendwann nach vorne geholt, zur Klasse gedreht, ich habe gedacht, klein Titus hat endlich mal was gut gemacht. Jetzt wird der gelobt. Und was sagt der Kerl? ‚Kinder, ganz wichtig für das Leben. Gut aufpassen. Wenn aus Euch im Leben nichts werden soll, müsst Ihr nur sein wie der Titus.' Und dann durfte ich mich wieder setzen. Das waren die Erziehungsmethoden. Ich sage jetzt nicht ‚ich armer Kerl', ganz im Gegenteil. Ich wusste, ich hab' was drauf, denn wenn ich alleine mit den Kumpels im Wald war, dann war ich immer der Hero."

> „Ich war ein Typ, der an sich geglaubt hat und der einfach diese Scheiße nicht geglaubt hat, die die Erwachsenen erzählt haben: Dass ich ein Loser bin und nichts draufhabe."

Das heißt, du bist jemand, der dennoch ein gutes Selbstvertrauen entwickelt hat?
„Ja. Doch, kann man sagen. Das war aber nur, wenn die Erwachsenen nicht da waren. Wenn die Erwachsenen da waren, habe ich immer gewartet, bis ich abhauen konnte. Und dann war das Leben wieder in Ordnung."

Gab es noch weitere Fähigkeiten, die du lernen durftest und die dir in deinem Unternehmertum geholfen haben?
„Ja. Einen Menschen zu analysieren und sich zu analysieren, wie man drauf ist. Man muss immer bei sich anfangen. Bei allem, was ich mit Menschen mache, da brauche ich nur eins zu kennen: den Menschen. Der Rest ist vollkommen unwichtig. Das sage ich auch in meinen Vorträgen vor Studenten. Denen erzähle ich, dass sie bitte nicht so viel

Wert auf ihr Studium legen sollen und dass sie auch Wissenschaft bitte in Relation sehen. Dass die Wissenschaft auch schon mal die Erde für eine Scheibe gehalten hat. Und dass man nicht jetzt davon auszugehen hat, dass die Wissenschaft die richtigen wissenschaftlichen Thesen hat. Der Markt besteht aus Menschen. Beschäftigt Euch doch einfach mit den Menschen. Ein bisschen Soziologie, ein bisschen Pädagogik, ein bisschen Psychologie, ein bisschen Philosophie. Und dann versucht, den Menschen zu analysieren, die Zielgruppe, an die Ihr ranwollt, die Bedürfnisse, die Gesinnung. Und wenn Ihr die Gesinnung kennt, dann ist das so einfach für Euch, Marketing und Werbung zu machen, weil Ihr dann den Menschen trefft und seine Bedürfnisse. Und alles andere sind nur Werkzeuge – wir nehmen die Werkzeuge zu ernst.

Und auch selbstbestimmtes Lernen ist in der Entwicklung eines Menschen wichtig. Der Vergleich mit früher: Heute würde man Verwahrlosung sagen. Wenn man so ein Typ ist wie ich, der nervt, dann heißt das nach den Hausaufgaben: ‚Jetzt hör endlich auf zu nerven. Hau ab und komm wieder, wenn es dunkel ist.' Ja, bei uns war natürlich viel Wald. Und dann sage ich mir, das war das Geilste, was mir passieren konnte. Ich wurde ohne Betriebsanleitung in den Wald geschickt und war Zwangsunternehmer. Weil ich war da und dachte, Scheiße, Langeweile, was mache ich denn? Und deswegen kommt von mir auch der Spruch: ‚Langeweile ist das Nadelöhr auf dem Weg zur Freiheit.' Du musst nämlich erst mal Langeweile haben, um überhaupt den Zwang zur Kreativität zu bekommen. Also gehst du nächstes Mal hin in der Schule, verabredest dich mit ein paar Kumpels. Und dann erfindest du Spiele und so weiter. Da bist du Unternehmer und auch Führungspersönlichkeit."

» „Der Markt besteht aus Menschen. Beschäftigt Euch doch einfach mit den Menschen."

Titus, muss als erstes der Funke da sein, dass ich Bock draufhabe, dass ich begeistert bin. Und dann geht's los?

„Richtig. Ein Kind nimmt sich zum Beispiel vor, es will einen Oli lernen. Das Herz brennt, man spürt keinen Schmerz. Ich kenne Kinder, die auf die Schnauze gefallen sind und sich einen Arm gebrochen haben. Der Arm hing runter und dann kam der Krankenwagen schon. Und was hat das Kind gesagt? ‚Nein, ich muss erst den Trick können.' So wahnsinnig war das, weil durch dieses Erfolgserlebnis, das man anschließend hat, schüttet der Körper so viel körpereigene Drogen aus. Ich spreche bewusst von Drogen, weil es chemisch genau dasselbe ist, als wenn man sich in der Disko was reinzieht. Es geht immer um das Belohnungszentrum. Und wenn ich Dopamin ausschütte, befriedige ich damit mein Belohnungszentrum, das fühlt sich einfach geil an, dann ist das wie eine Sucht. Wenn ein Kind plötzlich einen Oli kann, hat es erst mal ein paar Stunden das Gefühl, es könnte über Wasser gehen. So gut fühlt sich das an. Und das hebt das Selbstkonzept, dieses Selbstverständnis oder Selbstbewusstsein. Und dann hat man eine neue Basis, auf der man wieder tatsächlich selbstbestimmt lernt. Dann geht das alles von ganz alleine. Und dann entwickeln sich Kinder, das kann man gar nicht glauben. Wir Menschen sind in eine Situation gekommen, wo wir eigentlich das, was der Mensch draufhat und wo er herkommt, komplett vergessen haben. Und meinen, wir müssten jedem alles von außen beibringen. Und dann geht das so weit, dass der Mensch das Gefühl hat, er hat alles im Griff. Und deswegen kommt die Arroganz."

» „Es geht immer um das Belohnungszentrum. Und wenn ich Dopamin ausschütte, befriedige ich damit mein Belohnungszentrum, es fühlt sich geil an und ist wie eine Sucht."

ANTRIEB

Du sagtest, Motivation kommt von innen. Was machst du in Momenten, in denen du feststeckst bzw. die Motivation gerade nicht da ist?
„Feststecken und feststecken ist ja ein Unterschied. Die Frage ist, auf welcher Ebene – ob du in der Meta-Ebene oder unten in der Operativen irgendwo feststeckst. Einfach realistisch sein, sage ich mal. Alle lachen sich über diese Kölschen Sprüche kaputt. Ich sage, das ist höchste Philosophie. Allein, wenn man sagt: ‚Es war, wie es war'. Das heißt einfach, ich habe zu adaptieren, ich kann nichts mehr ändern, was in der Vergangenheit war. ‚Es ist, wie es ist.' Das hört sich so bescheuert an, aber verdammte Scheiße, wer das nicht akzeptiert, dass es ist, wie es ist, der kann auch nichts bewegen. Also muss ich analysieren, wie ist es denn überhaupt? Und ‚Et kütt, wie et kütt' – das ist auch ein super Spruch. Das heißt, ich habe meine Ziele, ich will da irgendwohin. Aber ich kann nicht in die Zukunft gucken. Und ‚Es ist halt jut jejangen', das heißt, okay, wenn ich sehe, das ist der falsche Weg, nutze ich die Chance. Da ist eine Tür. Gehe ich doch da durch. Gehe ich linksrum, gehe ich rechtsrum. Und diese Flexibilität zu bewahren und sich einfach sagen: ‚Was soll der Plan? Ich behindere mich mit einem Plan.'"

> „Wenn ich sehe, das ist der falsche Weg, nutze ich die Chance und gehe durch die Tür – linksherum oder rechtsherum."

ENERGIE

Was machst du in den ersten 60 Minuten am Tag? Gibt es etwas, womit du entspannt in den Tag startest?
„Inzwischen ja. Also ich kann wirklich sagen, zu meiner aktiven Zeit, da gab es überhaupt keinen Übergang. Aufstehen, volle Kanne, ganz schnell was reinhauen. Im Stehen vielleicht noch einen Kaffee und

dann ab die Post. Und die Welt retten. Und alles Mögliche machen, und das ging dann bis abends, bis man ins Bett gegangen ist. Klar, ich meine, man hat ja auch noch eine Beziehung und Dingsbums, das muss man auch noch unterbringen – aber inzwischen lege ich sehr viel Wert drauf. Morgens frühstücke ich erst mal eine Stunde und lese Zeitung. Alles, was früher so schön spießig und etabliert war. Das ziehe ich dann mit voller Freude durch. Mir die Zeitung reinziehen, über alles herziehen. Mal wieder mich bestätigt fühlen, wie bescheuert alle sind. Und wie beknackt alles läuft. Und dass ich alles viel besser kann. Aber nein, habe keinen Bock mehr, Bundeskanzler zu werden. Das ist viel zu anstrengend."

Stehst du ab und an noch auf deinem Skateboard?
„Ja, jeden Samstag, Sonntag, wenn das Wetter das erlaubt, zum Bäcker rollen. Das finde ich auch ganz wichtig. Ich merke das aufgrund des Alters, dass ich manchmal auch bequem bin und mir sage, ‚nimm doch mal lieber das Fahrrad'. Dann sage ich: ‚Nein, das ist wie mit allen Sachen. Da muss ich jetzt dranbleiben.' Es gibt so verschiedene Sachen, da muss man dranbleiben. Und wenn es die Beschäftigung mit deiner Frau ist. Da musst du dranbleiben. Ist wirklich wahr. Man könnte sagen, was man nicht dauernd macht und was nicht dauernd benutzt wird, das verkümmert. Und das trifft auf alle Lebensbereiche zu. Bis hin in die Zweierbeziehung."

> » „Was man nicht dauernd macht, das verkümmert."

EMOTIONALE STABILITÄT

Bist du ein Kopf- oder Bauchmensch?
„Ich sage immer, ich bin ein Kopfmensch mit rationalen Bauchentscheidungen oder ich bin ein Bauchmensch mit emotionalen Kopfentscheidungen. Jeder Mensch besteht aus diesen Polen in allen Richtungen. Der Pol zwischen Ratio und Emotion, also Bauch und

Kopf und so weiter. Und wenn sich einer bemüht, nur eins zu sein, kann das kein Erfolgskonzept sein, weil die Balance immer das Geheimnis ist. Immer das Geheimnis zwischen selbstbestimmtem und fremdbestimmtem Tun, zwischen Selbstsozialisation und Fremdsozialisation. Eigentlich ist das Leben wirklich einfach. Man muss es nur akzeptieren. Das ist alles."

Du hast sicher auch Momente im Leben, in denen dich Zweifel und Ängste plagen. Was machst du in solchen Momenten?
„Laufend. Jeden Tag und immer, die gehören dazu. Ich beschäftige mich mit der Angst, weil Angst die größte Handbremse im Leben ist. Und die nervt, die nervt eigentlich jeden. Durch mein ADHS und auch durch diese Nachkriegsgesellschaft wurde ich laufend konfrontiert mit Problemen. Da gab es noch nicht die Kuschelpädagogik wie heute. Kinder, die werden ja heute wirklich so erzogen, dass sie gar keine Realität mitkriegen können."

> » „Angst ist die größte Handbremse im Leben."

„Und deswegen musste ich mich ganz früh, damit sich überhaupt alles weiterbewegt, mit meinen Ängsten beschäftigen, denn die haben gestört. Sonst wäre ja gar nichts passiert. Und dann bin ich unbewusst schon als Kind ganz schnell auf diesen Trick gekommen, dass man die Angst insofern bewältigen kann oder zumindest damit klarkommen kann, indem man sich ganz bewusst dieser Angst stellt, auch wenn es wehtut am Anfang und man das eigentlich gar nicht machen will. Und überlegt, wovor habe ich Angst? Wieso habe ich Angst? Dann kommt man ganz schnell dahin, dass man Angst hat, dass was Gefährliches passieren kann, weil man das nicht beurteilen kann. Denn erstens bezieht sich Angst auf die Zukunft. Und zweitens geht es um etwas, wo man sich nicht so genau auskennt und man deshalb nicht beurteilen kann, ob man es gefahrlos machen kann oder nicht. Denn die Grenze, wo es gefährlich ist, liegt bei jedem Menschen woanders – zumindest im motorischen Bereich. Wenn nun fremdbestimmten Kindern gesagt wird, was gefährlich ist und was nicht, ohne dass man sie selber testen lässt, können sie nicht selber die Erfahrung sammeln. Man nimmt den Menschen damit den Zwang, sich selbst mit sich zu beschäftigen. Was kann ich? Wo fängt für mich die Gefahr an? Und wenn ich dann Angst habe, wie kann ich es schaffen, dass die Angst komplett weggeht? Ganz einfach, indem ich mich damit beschäftige, wovor ich Angst habe. Und dann entscheide ich: ‚Okay, das kriege ich eh nicht geregelt, das wäre unvernünftig. Das ist wirklich zu groß, das traue ich mir nicht zu.' Dann ist auch die Angst weg, weil man es nicht mehr machen will. Aber wenn man sich entscheidet: ‚Doch, das mache ich. Da bin ich ganz sicher. Das schaffe ich.' Dann wird aus der Angst Respekt. Es macht 80 Prozent des gefahrlosen Regelns einer Gefahr aus, dass man an sich glaubt. Je besser man seine Grenzen kennt, desto weniger Angst hat man auf Dauer. Man kriegt dieselben Ängste wie alle. Aber man geht sofort her und sagt, warum habe ich jetzt Angst? Und ich habe das als Kind schon so geregelt."

MUT

Zum Thema Mut: Bist du der Typ Anlauf nehmen und springen oder erst mal abwarten?
„Weder noch. Ich bin der Typ, der nicht erst mal abwartet, sondern sofort anpackt. Aber nicht, indem ich hirnlos anlaufe und springe, sondern indem ich mich sofort hinsetze und sage: ‚Okay, was kann passieren beim Springen? Gut, ich muss zwei Meter überwinden. Und dann springe ich ohne Gefahr, denn ich bin schon drei Meter gesprungen. Das ist okay, da komme ich drüber.' Und dann springe ich, weil ich weiß, dass ich drei Meter weit springen kann und das Loch nur zwei Meter groß ist. Das kann man auf alles übertragen. Als ich Fallschirmspringen wollte, hatte ich Angst. Klar, jeder Mensch hat Angst, aus einem Flugzeug zu springen, das nicht gerade abstürzt. Eigentlich bin ich ein richtig großer Angstschisser. Wer hat nicht Angst davor, in 4.000 Metern Höhe aus einem Flugzeug zu gucken und rauszuspringen? Angst ist ja was Sinnvolles. Die darf man nie unterdrücken.

Man darf nie gegen seine Angst was machen. Die Angst muss man vorher besiegen. Das ist Mut. Mut ist nicht, Angst zu ignorieren und was zu machen. Das ist Wahnsinn und bescheuert. Also, was habe ich gemacht? Ich habe mich damit beschäftigt, wie das aerodynamisch funktioniert und so weiter. Und dann wusste ich, wenn du so in der normalen Standardhaltung bist, dann bist du zwischen 140 und 160 Stundenkilometer schnell. Und dann habe ich einen Freund angerufen. Du hast doch ein Auto mit Schiebedach. Komm, gehen wir auf die Autobahn, fahren wir 160, 170 km/h. Dann habe ich getestet, wie man mit den Händen lenken kann. Und gedacht, das ist doch ganz einfach. Ganz einfach. Jede Nacht unter der Bettdecke bin ich Fallschirm gesprungen. Als ich zum ersten Mal zum Flugzeug bin, hatte ich bestimmt schon 2.000 mentale Sprünge hinter mir. Und dann bist du oben und du meinst, du bist jeden Tag da rausgesprungen. Und dann springst du raus."

Ist Scheitern erlaubt, Titus?
„Natürlich! Nirgendwo fällt man so viel auf die Nase wie beim Skateboard fahren. Und das ist das erste, was man lernt, was im Leben wichtig ist. Nach dem Hinfallen kommt das Aufstehen und dann das Weitermachen. Wenn man das nicht macht, dann ist entweder der Plan vorbei oder das Leben ist mehr oder weniger vorbei."

> » „Nach dem Hinfallen kommt das Aufstehen und danach das Weitermachen."

EINFLUSS

Du hast deine eigene Stiftung. Du engagierst dich, dass Kinder Spaß am Skateboard fahren haben. Wie wichtig ist das für dich?
„Das ist extrem wichtig, denn es ist kein Unterschied zu allem anderen, was ich gemacht habe. Das hat jetzt wieder mit Erfolg zu tun. Wenn ich Erfolg so definiere, wie ich das eben gesagt habe, dann sind natürlich

eine Stiftung und Gemeinnützigkeit das Geilste, um Erfolg zu haben, denn es ist nicht nur Business, das du machst und wo du dir das Geld in die eigene Tasche steckst. Ich finde, der Erfolg ist noch größer, wenn ich das ehrenamtlich mache und das ganze Know-how da reinstecke. Wir haben jetzt über 30 Projekte, und ich habe noch letztes Jahr in Damaskus einen Skateboard-Park eröffnet."

Du hast bei vielen Dingen oft Gegenwind bekommen. Wie geht man am besten damit um?
„Bei mir war das am Anfang so, weil ich gemerkt habe, ich bin anders, aber trotzdem, ich bin nicht schlecht, ich bin kein Loser, wie die anderen denken. Wenn man dann daran glaubt, dann ist ja jede Kritik aus dem Establishment wie ein Orden. Dann hast du ja alles richtiggemacht. Wenn du dein Ziel erreichen willst und alle regen sich auf, dann sagst du dir, geiler kann ich nicht sein. Beim Fußball wird auch nur der angegriffen, der einen Ball hat. Das heißt, wenn dich die Leute angreifen, dann bist du eine geile Sau. Ich habe aus der Not eine Tugend gemacht. Ich wurde dann so akzeptiert im Establishment. Da habe ich gedacht, ist doch geil. Da kann ich meinen Kapuzenpulli anlassen und früher hat keiner mit mir geredet, wenn ich so kam. Und auch ein bisschen anders drauf bin. Da kam wieder der bekloppte Skateboarder. Wenn du dann plötzlich Unternehmer des Jahres bist, den Gründerpreis hast und zu den 50 besten Managern Europas zählst, überall hingehst, einen Verdienstorden kriegst und hier und da. Das war auch wieder so ein Spaß. Diejenigen, gegen die ich immer opponiert habe, hängen mir plötzlich Orden um. Und plötzlich bin ich im Establishment. Vom Erfolg her war das natürlich ein riesiger Schub, weil ich plötzlich die Typen in meine Aktivitäten mit einbeziehen konnte."

Hast du Vorbilder, Titus?
„Ich hatte nie Vorbilder. Wahrscheinlich deswegen, weil mich alle, die man als Vorbild nehmen konnte, für einen Loser hielten. Da kann ich die doch nicht als Vorbild nehmen. Ich bin von der Gesellschaft gezwungen worden, nicht Leuten nachzueifern, weil man eifert ja nur

Leuten nach, von denen man meint, die können dir was bringen. Und irgendwann habe ich auch selber die Vorteile daraus erkannt, keine Vorbilder zu haben. Wenn du Vorbilder hast, wirst du nie besser als das Vorbild. Wenn du keine Vorbilder hast, dann ist nach oben alles offen. In dem Moment, wo ich jemandem nacheifere, begrenze ich mich in meiner Leistungsfähigkeit. Und das ist ein ganz, ganz wesentlicher Punkt. Deswegen kann ich nur von Glück sagen, dass die Gesellschaft mich nicht akzeptiert hat. Sonst hätte ich 20.000 Vorbilder und wäre irgendwo im Mittelmaß hängen geblieben."

MEINE PERSÖNLICHEN PERFORMANCEHACKS

Was ist dein ganz persönlicher Erfolgshack?
„Mach dein Ding und lass dir nicht reinreden. Aber trag die Verantwortung, wenn es schiefgeht. Und das finde ich so wichtig: Ganz offen die knüppelharten Konsequenzen zu kennen, die passieren können, wenn man eine Entscheidung trifft, die nicht funktioniert. Und dass das normal ist und dass man dazu zu stehen hat. Dass man halt hinfällt und wieder aufsteht und eine neue Entscheidung trifft. Aber wenn man sich das vorher nicht klarmacht, es kann auch schiefgehen, dann erlebt man eine Katastrophe, wenn es schiefgeht."

PERSÖNLICHKEIT

Viele denken, Höchstleitung ist unfassbar anstrengend. Kann Leistung auch einfach sein?
„Ich glaube, die Momente, in denen man was leistet, was wirklich die Welt bewegt, die sind ganz einfach und easy. Die tun einem nicht weh, und da braucht man gar nichts für zu tun. Weil das ist alles nur ein Effekt dessen, was davor war und wie dein Herz brennt."

> **„Die Momente, in denen man etwas leistet, was wirklich die Welt bewegt, sind ganz easy."**

Was ist der schlechteste Rat, der häufig erteilt wird?
„Das kann man nicht pauschal sagen. Das ist so individuell. Der beschissenste Rat kann ja in einer gewissen Situation für jemanden einen Impuls geben, welcher demjenigen, der einen Rat gibt, vielleicht gar nicht bewusst ist. Jeder Rat gibt jedem Menschen einen anderen Impuls und demselben Menschen in unterschiedlichen Lebenssituationen auch noch unterschiedliche Impulse. Oder es wird überhaupt nicht zugehört, wenn man gerade geil drauf ist und man meint, was brauche ich einen Rat? Ich gehe doch eh durch die Decke. Und genau wie jeder Mensch anders drauf ist, ist auch die Reaktion auf denselben Rat immer anders. Und dann kommt es noch drauf an, von wem der Rat kommt. Wenn der Rat von den Eltern kommt und man ist pubertierend, dann rät man besser genau das Gegenteil von dem, was man erreichen will. Weil bei Pubertierenden geht es nur darum, eigene Entscheidungen zu treffen. Also sollten die Eltern immer die bescheuertsten Vorschläge machen, weil die Kids dann einen Gegenvorschlag machen. Und der ist richtig geil. Wenn man die geilsten Vorschläge macht, dann kommen die mit dem größten Scheiß. Was sollen sie auch anderes machen? Das Geile haben die Eltern schon weggenommen. Und die Kids haben noch keine Lebenserfahrung, also können sie nur Scheiße labern, wenn sie was anderes wollen."

Wenn du den Titus von vor 30 Jahren noch mal treffen würdest. Was würdest du ihm raten?
„Ja, dem würde ich raten, ein bisschen schneller zu leben, damit er in diese geile Erkenntnissituation des Alters kommt, alles etwas gelassener sieht und nicht so ein bescheuerter, radikaler Denker ist, der die Balance noch nicht erkannt hat und sich das Leben damit selber schwermacht. Aber das ist jetzt wieder die andere Seite der Medaille. Wenn ich nicht so drauf gewesen wäre, wäre der Erfolg auch nicht gekommen. Deswegen

ist es manchmal ganz gut, wenn man die Balance gar nicht kennt. Das sieht man wieder, wie relativ die ganze Scheiße ist."

Hast du ein Lebensmotto?
„Die wechseln auch dauernd, je nach Stimmungslage. Jetzt, momentan bin ich voll auf dem Trip, dass ich es irgendwie schaffen muss, eine glückliche dritte Lebensphase zu kriegen. Ich bin ja in einem Generationswechsel. Und ich arbeite hart daran, aus diesem Modus des Verantwortlichen für die ganze Welt rauszukommen. Wenn in China ein Sack Reis umfällt, dann mache ich mir Gedanken, wie man den wieder aufstellen kann und so weiter. Und das möchte ich etwas reduzieren, weil ja auch die ganzen Unternehmen dann in die Verantwortung meines Sohnes gehen. Da träume ich momentan wirklich von einem Lebensmotto mehr für das private Leben mit meiner Frau – wir sind 52 Jahre zusammen. Und vielleicht sollte das Motto sein: Jetzt ist mal Schluss damit, nur mit brennendem Herzen und Begeisterung irgendein Business über die Bühne zu bringen. Lass uns mal ein bisschen an unser eigenes Glück denken."

Die persönlichen Hacks von Titus Dittmann findest du im Video des Interviews (s. Abb. 10.1).

Abb. 10.1 Fast Lane Titus Dittmann

11

Gekürt als eine der wichtigsten jungen Wissenschaftlerinnen Deutschlands – Die Universitäts-Professorin für nachhaltiges Wirtschaften: Interview mit Laura Maria Edinger-Schons

» „Schau dir nicht den Berg an, sondern klettere den ersten Stein hoch." Laura Maria Edinger-Schons

Laura Maria Edinger-Schons

Sie lässt keine Zeit im Leben einfach so verstreichen: Laura Maria Edinger-Schons gilt als die Wissenschaftlerin, die von der Zeitschrift Capital zu den Top 40 under 40 der wichtigsten jungen Talente in Deutschland gekürt wurde. Als eine der jüngsten, deutschen Professorinnen unterhält sie den Lehrstuhl für nachhaltiges Wirtschaften an der Elite-Universität in Mannheim. Ihre Artikel und Forschungsergebnisse werden in den renommiertesten wissenschaftlichen Zeitschriften veröffentlicht. Ihre Arbeiten wurden bereits mit unzähligen Awards ausgezeichnet.

Ergänzende Information Die elektronische Version dieses Kapitels enthält Zusatzmaterial, das berechtigten Benutzern zur Verfügung steht. https://doi.org/10.1007/978-3-658-35022-2_11

Krafttier: Wal

INTRO

Laura, du hast deine Promotion mit summa cum laude bestanden, du wurdest als Top 40 under 40 vom Capital zu den jüngsten und wichtigsten Talenten in Deutschland gekürt. Das hast unzählige Awards gewonnen. Was denkst du, wenn du die Worte Spitzenleistung und Erfolg hörst?

„Erfolg kann man ja immer unterschiedlich auffassen. Ich beschäftige mich im Job sehr viel mit Erfolgsmessung bei Unternehmen und dann eben auch den Erfolg neu zu definieren und zu sagen, es geht nicht nur um den finanziellen Erfolg, die financial Performance. Es geht eben auch um ein holistischeres Verständnis von Leistung von einem Unternehmen: Es geht auch um das Wellbeing von Mitarbeitern, um natürliche Ressourcen, mit denen man schonend umgehen muss, um nachhaltige Entwicklung sicherzustellen. Und genau das kann man auch auf persönlicher Ebene übertragen: Auf der einen Seite will man natürlich auch im Äußeren etwas erreichen im Leben. Aber auch da gibt es den Aspekt des Social Wellbeing. Man darf da die Grenzen auch nicht überschreiten und muss auf die eigenen Ressourcen achten und auf das, was man braucht, damit es einem gut geht. Es geht auch ganz viel um den Körper und das ganze Wohlfühlen in der eigenen Haut. Gerade wenn man in einem Jobs ist, wo man viel leisten möchte, muss man sehr darauf achten, wie diese anderen Aspekte austariert sind mit der Jobleistung. Das ist für mich eine tägliche Herausforderung. Wissenschaftlerin sein, ist wie selbstständig sein. Man ist super motiviert, hat totale Lust auf alle möglichen Projekte und muss halt schauen, wie man das in den Tag mit Familie, Kindern und eigener Freizeit hineinbekommt. Ich würde für mich als Erfolg definieren, dass man einerseits seine Lebensziele realisiert und dass man insgesamt ein gelungenes Leben anstrebt und nicht nur versucht, auf einer Dimension zu maximieren."

> » „Ich würde für mich als Erfolg definieren, dass man einerseits seine Lebensziele realisiert, insgesamt ein gelungenes Leben anstrebt und nicht nur versucht, auf einer Dimension zu maximieren."

Hast du von Zuhause ein paar Eigenschaften mitbekommen, die dir geholfen haben, deine PS erfolgreich herauszubringen?
„Ich finde dieses Zitat mit Wurzeln und Flügeln schön, ich glaube, von Goethe ist es: ‚Kinder brauchen Wurzeln und Flügel.' Was ich definitiv von zu Hause bekommen habe, sind diese beiden Dinge, also auf der einen Seite eine totale Erdung. Ich komme nicht aus einem Haushalt mit einem privilegierten Leben im Hintergrund, sondern meine beiden Eltern waren Lehrer. Ich bin sozusagen ganz normal in einem ganz normalen Lehrerhaushalt im Ruhrgebiet großgeworden, in Bochum. Wirklich so ein Umfeld, von dem man sagen muss, das war so richtig multikulti Ruhrpott. Und auf der anderen Seite haben meine Eltern unglaublich viel mit uns unternommen. Wir sind ganz viel auf Reisen gewesen. Und ich glaube, das hat uns Flügel verliehen. Und bei mir war es ja dann auch so, dass ich während des Studiums sehr viel auf Reisen war und zum Beispiel auch ein paar Jahre in Indonesien war. Den Weg, den ich jetzt gegangen bin, den wäre ich so nie gegangen, wenn ich nicht die Erfahrung des Reisens gemacht hätte."

Gab es in deinem Leben Krisen bzw. mobilisierende Ereignisse, aus denen etwas Gutes entstehen konnte?
„Tagtäglich würde ich sagen. Ich bin ja Wissenschaftlerin und als Wissenschaftler muss man unglaublich resilient sein. Unser Publikations-Output ist ja so unser objektives Performance-Kriterium, an dem wir häufig gemessen werden. Und wenn es leicht wäre, könnten es ja alle. Es ist halt super schwer, in den Top-Journals zu publizieren. Und dann muss man eben auch ganz häufig böse Rückschläge einstecken. Natürlich bekommt man viel häufiger auch negatives Feedback als positives. Aber jedes Mal, wenn man so einen Gutachterbrief bekommt, in dem drinsteht, dass diese Studie, die man gemacht hat, absolut sinn- und zwecklos ist und man eigentlich auch aufhören sollte, Wissenschaft zu betreiben, da braucht es schon ziemlich viel Resilienz, dass man sich sagt: Ich glaube an meine Fähigkeiten und ich mache weiter."

> » „Ich glaube an meine Fähigkeiten und ich mache weiter."

KLARHEIT

War für dich frühzeitig klar, ich gehe mal an den Lehrstuhl, ich gehe mal in die Wissenschaft, ich werde Wissenschaftlerin?
„Wenn ich jetzt so zurückblicke auf meine Kindheit und auf meine Jugend, dann sehe da schon sehr viele Dinge, die ich getan habe, die mir jetzt helfen, oder Charakteristika, die ich da schon hatte. Ich hatte einen totalen Forschertrieb. Als Kind hatte ich ein Aquarium und habe stundenlang davorgesessen und diese Fische kartografiert. Also ich habe sie abgezeichnet, die lateinischen Namen daneben geschrieben, dann aufgeschrieben, welcher Fisch Kinder bekommen hat, wann die geboren wurden und habe versucht, die Größe mit einem Lineal zu messen. Ich war da schon so ein kleiner Humboldt. Und dann hatte ich immer so sehr viel mit Kreativem zu tun. Und jetzt bei dem, was ich tue, sehe ich, dass kreativ sein ganz wichtig ist: Forschungslücken entdecken, Ideen

für Forschungsprojekte und wie man Theorien weiterentwickeln kann. Ideen, wie man Studien umsetzen kann. Ich glaube, diese Fähigkeiten bringen mir jetzt ganz viel. Das hatte ich zwar damals nie so auf dem Schirm, aber ich bin jetzt sehr froh damit, wo ich gelandet bin."

Wenn du ein Ziel vor Augen hast, was hilft dir dabei, dein Ziel zu erreichen?
„Ich habe relativ wenig Umrüstkosten. Wenn ich eine neue Idee habe, dann denke ich gar nicht darüber nach, wie aufwendig oder wie schwierig das ist oder was da alles für Probleme aufkommen könnten, sondern ich fange einfach mit dem ersten Schritt an. Im Buch *Momo* gibt es ja den Straßenfeger, der immer diese lange Straße kehren muss. Die schafft er eigentlich nur, weil er einfach den ersten Besenstrich macht. Und ich glaube, das ist so eine Eigenschaft von mir: Schau dir nicht den Berg an, sondern klettere den ersten Stein hoch. Was wäre der erste Schritt, um das zu tun? Und den mache ich dann einfach mal und dann gehe ich den zweiten. Und damit tue ich dann manche Dinge einfach mal, obwohl es hinterher doch viel Arbeit ist. Aber ich glaube, dadurch schreckt es mich nicht so ab, weil ich nicht diesen Riesenberg sehe und denke, oh Gott, oh Gott."

Welche Fähigkeiten durftest du in den letzten Jahren lernen, die dir in deinem wissenschaftlichen Leben immens weiterhelfen konnten?
„Das erste, was ich in den letzten Jahren ganz stark gemerkt habe ist, dass alles besser geht, wenn man das zusammen mit anderen tut und dass Partnerschaften super wichtig sind. Aber dass es auch nicht einfach ist, denn mit anderen zusammenzuarbeiten, bringt immer Komplexität. Man muss sich darauf einlassen, diese Reibereien, die man vielleicht dann auch mal hat, auszuhalten. Ich muss Leute mitnehmen. Ich muss manchmal vielleicht auch einen Schritt langsamer gehen. Ich muss Dinge erklären, kommunizieren und das ist auch ein Thema der Wertschätzung. Wenn man richtig schnell vorankommen will, dann glaube ich, passiert es häufig, dass man Leute stehen lässt und die sich zu wenig mitgenommen fühlen. Man braucht diese Netzwerke und man braucht die Leute und man muss dann eben auch mal aushalten, dass Dinge nicht sofort passieren. Diese Geduld zu haben, diese Partnerschaften

aufzubauen, die Leute wertzuschätzen, sich die Zeit zu nehmen, das, was man da tun will, auch zu erklären. Da arbeite ich tagtäglich dran und sage mir: ‚Laura, jetzt geh mal einen Schritt nach dem anderen und guck, wer um dich herum ist.' Das ein ganz wichtiges Learning."

> » „Alles geht besser, wenn man es zusammen mit anderen tut."

ANTRIEB

Was machst du, wenn du nicht motiviert bist oder feststeckst?
„Ich muss sagen, für mich ist das Thema Spiritualität ganz wichtig. Bevor ich Kinder hatte, habe ich ganz viel gemacht: Ich habe viel Yoga gemacht, alle paar Tage zumindest mal länger Tagebuch geschrieben, immer mal wieder meditiert, ich habe Capoeira gemacht, ich war viel Surfen. Sobald ich auf dem Surfbrett auf dem Meer sitze, ist irgendwie alles gut. Und das sind so die Dinge, aus denen ich super viel Kraft schöpfe und in der Vergangenheit noch viel mehr geschöpft habe. Da ist jetzt halt weniger Raum, weil ich jetzt die zwei Kleinen habe und einen Mann. Die wollen ja auch was mit mir machen. Aber daraus schöpfe ich jetzt eben auch sehr viel Kraft. Manchmal sitze ich mit meinem Sohn im Spielzimmer und merke so: ‚Boah, jetzt kann ich erst mal komplett entschleunigen gerade und jetzt geht es einfach nur darum zu gucken, wo dieses Puzzleteil hingehört.' Das ist ja auch so eine Art von Achtsamkeitsübung, aktiv zu entschleunigen und zu sagen, ich komme jetzt mal komplett runter. Da nehme ich mir Zeit, Achtsamkeit ins Leben einzubauen und Räume dafür zu schaffen."

> » „Für mich ist das Thema Spiritualität ganz wichtig."

ENERGIE

Was hilft dir, jeden Tag Kraft und Energie zu generieren?
„Auf jeden Fall meine Familie, und ich glaube, ich bin ein Mensch, der sehr viel Harmonie braucht. Im Job kann ich die Reibereien gut abhaben, zu Hause würde mich das, glaube ich, völlig aufreiben. Ich bin so unglaublich dankbar dafür, dass ich einen Mann habe, der einfach auch mein bester Freund ist, mit dem ich jeden Moment genießen, mich immer austauschen kann, auch über die beruflichen Dinge. Dann natürlich unsere beiden Jungs. Wir haben unglaublich viel Unterstützung von unseren Eltern bekommen, bei denen wir die Kinder hin- und herjongliert haben. Anders hätte ich überhaupt nicht den Antrieb und nicht die Kraft, das alles zu tun, und dafür bin ich jeden Tag dankbar. Das kann man echt nicht oft genug sagen, darüber denke ich jeden Tag nach und stelle einfach nur fest, was für ein Glück wir haben."

Was machst du in den ersten und in den letzten 60 Minuten des Tages? Hast du ein Morgen- und ein Abendritual?
„Oh Mann, ja, also das muss ich auch sagen, das hat sich jetzt doch geändert. Bevor ich meinen Mann kennengelernt habe, habe ich tatsächlich morgens immer Yoga und Meditation gemacht und abends ab und zu auch Tagebuch geschrieben. Jetzt ist es eben so, wenn wir morgens aufwachen, sind die Kids da und es ist direkt Action. Wir machen morgens immer ein gemeinsames Frühstück, dass wir dann alle zusammenfinden als Familie, bevor jeder in seine Themen reinstartet. Und abends genießen es mein Mann und ich, wenn die Kinder schlafen und wir dann noch mal eine ruhige Phase haben. Wir arbeiten dann beide meistens auch noch ein bisschen. In unserem alten Haus, in dem wir in Mannheim gewohnt haben, hatten wir zum Beispiel einen Billardtisch im Keller stehen, da haben wir uns einfach ein alkoholfreies Bier geschnappt und haben eine Runde Billard gespielt. Und haben uns so über den Tag unterhalten und über die Arbeit. Wir sind jetzt ab und zu mal abends noch eine Runde spazieren gegangen, als wir Familie hier hatten und die hatten dann ein Auge auf die Kinder. Wir genießen es total, noch einmal miteinander reden zu können und uns auszutauschen."

Wie viel Stunden arbeitest du am Tag?
„Ich mach eigentlich keine Termine vor neun, weil vorher immer noch so viel hier zu managen ist mit der Familie. Und dann geht es ja oft bis 18 Uhr. Und abends halt immer noch mal ein paar Stunden, und da ist so die Frage, wie lange hier Ruhe ist. Wenn Ruhe ist, kann es auch mal sein, dass ich noch mal von acht bis zwei arbeite. Aber auch nicht jeden Tag, je nachdem, wie gut alles läuft. Es ist nicht so, dass ich dann abends denke, ich muss unbedingt noch an den Rechner. Sondern abends ist häufig die Zeit, in der ich auch dazu komme, an Forschungsprojekte zu gehen. Darauf habe ich dann echt Lust. Also ich sitze da und denke so richtig: ‚Ah, geil, heute Abend kann ich mir ein bisschen den und den Datensatz anschauen. Ich habe da richtig Bock drauf!'"

» „Wenn man mich glücklich machen will, kann man mir so einen Abend schenken, wo ich einfach mal Daten analysieren oder an einem Paper tippen kann."

PRODUKTIVITÄT

Was hilft dir, wirklich produktiv zu arbeiten und den Fokus zu halten?
„Das fällt mir ehrlich gesagt gar nicht schwer. Mein Mann sagt immer, hinter mir könnte ein Presslufthammerarbeiter hergehen, während ich arbeite, und ich würde den gar nicht bemerken. Sobald ich mich in irgendwas reingedacht habe, bin ich in so einem Tunnel und dann kriege ich nichts mehr mit."

Das heißt, du lässt auch Handy bzw. die Medien aus?
„Ja. Ich gucke eigentlich gar kein fern. Ich bin beim Medienkonsum ein anderer Typ. Ich schaue mir nur mal Tagesschau an. Und Social Media mache ich für den Job ein bisschen, aber null private Social-Media-Sachen. Da meckert meine Familie eher, dass ich so selten bei

WhatsApp reingucke. Einmal am Tag schaue ich nach und antworte. Ich telefoniere nicht gerne. In den sozialen Medien mache ich nur das Nötigste, aber ich bin ja den ganzen Tag dabei zu kommunizieren. Wenn man dann von neun bis 18 Uhr Zoom-Calls hat, hat man nachher auch keine Lust mehr, noch zu telefonieren. Und dadurch habe ich so wenig Ablenkung und fokussiere mich dann schon so sehr auf die Dinge, die ich da mache."

EMOTIONALE STABILITÄT

Gibt es auch Momente, in denen du Zweifel und Ängste hast? Wie versetzt du dich dann wieder in ein gutes Gefühl?
„Ja auf jeden Fall. Manchmal ist es so, dass man so ein negatives Gefühl hat und man nicht genau sagen kann, was eigentlich mit einem los ist. Da muss man sich erst mal hinsetzen und sich fragen, was da eigentlich in einem drin passiert. Und ich finde, sich bewusstmachen, was gerade bei einem selbst abläuft, ist total wichtig. Ich habe ja gesagt, Spiritualität war für mich immer schon wichtig. Und ich habe mich da auch mit so vielen Methoden auseinandergesetzt, die auf die Grundidee der Meditation zurückgehen. Also die eigenen Gedanken hinterfragen und schauen, was passiert da gerade und was für Gedanken sind es, die ich denke? Denn es ist ja so: Ein Gefühl, das man hat, sei es Stress, Angst, oder Panik, wird ja immer von einem Gedanken ausgelöst. Sagen wir mal, der Gedanke ist, ich habe Angst, was Dummes zu sagen auf einer Panel-Diskussion. Dann löst dieses Gefühl in mir eine Art von Panik aus und ich denke: ‚Oh Gott, oh Gott, was kann ich jetzt noch tun?' Bisschen davon ist vielleicht sogar hilfreich, dass ich einen Antrieb habe, mich noch mal vorzubereiten und mir das Thema noch mal genauer anzuschauen. Aber ein Teil davon kann mich ja auch sehr blockieren. Wenn ich dann dasitze, total aufgeregt bin und dumme Sachen sage, weil ich Angst habe, dumme Sachen zu sagen. Und da ist wichtig, sich mit diesen Gedanken mal zu beschäftigen und zu fragen: ‚Was ist der dahinterliegende Gedanke, woher kommt diese Unsicherheit, die ich habe, nicht zu genügen, nicht genügend zu wissen?' Und dann sich zu fragen: ‚Hey, ist das denn eigentlich so?' Vielleicht ist es auch wirklich

manchmal so, dass Frauen noch mehr Unsicherheit haben, wenn es darum geht, zu sagen, dass man Experte genug ist, um sich auf ein Panel zu setzen. Manchmal ist man da in einer Blase und unterschätzt vielleicht auch die Stärken, die man hat. Und wenn dann wirklich eine Frage kommt, bei der man möglicherweise nicht die optimale Antwort gibt oder auch mal sagen muss ‚Hey, weiß ich gerade nicht, müsste ich jetzt selber nachlesen.' Wird das dann negativ empfunden, wenn das mal jemand macht? Nein, es ist doch eher authentisch und positiv, oder? Und ich glaube, diese Gedanken zu reflektieren und diesen Schritt zurück zu machen und zu sagen, lass mich mal hinsetzen und damit arbeiten, was ich da gerade für Gedanken habe, die diese Gefühle auslösen, das ist es, was mir total hilft."

Was macht dich glücklich, liebe Laura?
„Ich habe ja über meine Familie und über meine Hobbys gesprochen, die machen mich natürlich alle total glücklich. Und ich glaube, insgesamt in meinem Job, würde ich sagen, macht es mich glücklich, wenn ich etwas Positives bewirken kann. Dass ich das Gefühl habe, etwas Positives beizutragen zu einem Thema, das mir am Herzen liegt. Und das ist eben das Thema Nachhaltigkeit und nachhaltiges Wirtschaften. Mich macht das sehr glücklich, wenn ich auf verschiedensten Wegen das Gefühl habe, einen Beitrag zu leisten. Und das kann einerseits sein, dass ich eine Vorlesung halte, wo ich das Gefühl habe, bei BWL-Studenten, die dasitzen, macht es Klick im Kopf und die merken, oh, das ist aber wichtig. Das kann sein, dass ich Masterarbeiten lese und die Leute fühlen sich gut betreut. Das kann aber auch sein, dass ich zum Beispiel Praktiker zusammenbringe, die vorher noch keinen Kontakt hatten, die sich über unseren Lehrstuhl kennen lernen und auf einmal Netzwerke bilden und miteinander tolle Projekte starten. Und das macht mich schon sehr glücklich, muss ich sagen."

» „Wenn ich das Gefühl habe, etwas Positives beizutragen zu einem Thema, das mir am Herzen liegt, dann bin ich glücklich"

MUT

Würdest du dich eher als Typ bezeichnen, Anlauf nehmen und springen oder erst mal abwarten?
„Also voll und ganz Anlauf nehmen und springen und vielleicht manchmal zu viel. Da muss ich mich, glaube ich, manchmal eher ein bisschen zurücknehmen. Ich bin schon als Kind so gewesen. Ich habe mir mehrmals meine Knochen gebrochen, weil ich auch alles Mögliche an Sportarten, Snowboarden, Surfen, Skifahren und solche Dinge gemacht habe und immer irgendwo runterspringen wollte. Und das war dann eher ein bisschen zu viel. Ich glaube, das ist auch heute manchmal ein Punkt, an dem ich aufpassen muss. Weil ich die Konsequenzen unterschätze. Ich denke dann immer, ja, klar, können wir das, oder ja, klar, machen wir das. Und dann merke ich erst hinterher, wie kompliziert Dinge sind. Der positive Aspekt davon ist, dass ich viele Dinge tue, vor denen andere Leute zurückschrecken würden, weil ihnen die Aufgabe zu groß oder zu kompliziert ist. Ich denke immer, einfach mal machen. Ich muss dann aber manchmal aufpassen, dass ich hinterher nicht dastehe und mich frage, was ich mir jetzt schon wieder eingebrockt habe."

> » „Ich denke immer: Einfach mal machen!"

EINFLUSS

Wie kann man als Influencer positiven Einfluss ausüben?
„Ich glaube, was ich so für mich gemerkt habe, ist, dass man häufig Dinge in unserer Welt so akzeptiert und als gegeben hinnimmt. Mein Eindruck ist, dass die Leute, die ich auch als inspirierend empfinde und die Changemaker sind, die sind, die teilweise total banale Fragen stellen und den Status quo einfach hinterfragen. Die auch mal fragen: Warum ist es eigentlich so, dass Frauen weniger verdienen als Männer? Warum ist es eigentlich so, dass Menschen in Asien zum Beispiel nicht

ein HR-Development-Programm bekommen, sondern dass da nur geschaut wird, dass die minimalen Menschenrechte eingehalten werden? Also diese ganz banalen Fragen, im Sinne von warum ist es eigentlich so? Sollte das eigentlich so sein oder sollte es nicht vielleicht anders sein? Warum sind Unternehmen eigentlich nicht demokratisch organisiert? Warum kann man seinen Chef nicht wählen? Diese Fragen sind banal und wirken vielleicht manchmal naiv, aber diese Strukturen, die wir haben, sind ja häufig gewachsen. Und wir wachsen in die hinein und werden sozialisiert. Ich denke, die große Herausforderung ist es dann ja, Fragen zu stellen. Und manchmal kommt man vielleicht auf den Punkt, dass man sagt, es ist gut so, wie es ist. Aber das Hinterfragen ist grundsätzlich für mich immer so ein ganz wichtiger Faktor, damit wir es als Menschheit auch schaffen, Innovationen auf den Weg zu bringen und uns zu entwickeln"

> » „Changemaker sind oft Menschen, die total banale Fragen stellen und den Status quo einfach hinterfragen."

Du arbeitest mit vielen Leuten am Lehrstuhl zusammen, Ihr arbeitet mit Start-up-Unternehmen, sozialen Organisationen zusammen, du stehst in den Vorlesungen vor den Studenten und Studentinnen. Wie schaffst du es, andere zu begeistern, zu inspirieren und mit neuen Ideen voranzugehen, die alle vorwärtsbringen?
„Ich glaube, wenn man selber authentisch ist und begeistert von den Themen, dann springen die Leute auch auf und man steckt an. Das habe ich auch immer so empfunden, wenn ich Leute kennengelernt habe, die von ihrem Thema begeistert und sehr authentisch waren. Ich habe ein sehr positives Menschenbild. Ich glaube, dass alle Menschen was Gutes bewirken wollen. Und wenn man dafür Plattformen schafft, wenn man zum Beispiel einen Lehrstuhl als so eine Plattform aufbaut, wo Leute sich zusammenfinden können, die gemeinsam dieses Ziel erreichen wollen, dann generiert man damit ja auch einen Raum und eine Energie, wo Leute mitwirken können."

> „Wenn man selber authentisch ist und begeistert ist von den Themen, dann springen die Leute auch auf und man steckt an."

Hast du Vorbilder gehabt, die dich inspiriert haben?
„Ja, also ich würde sagen, dass ich auf dem Weg immer mal wieder Vorbilder hatte. Aber das sind ja nicht unbedingt nur Menschen, die im Rampenlicht stehen und irgendwelche tollen Dinge erreicht haben, sondern das sind manchmal auch einfach Leute, mit denen man durchs Leben geht und die bestimmte Eigenschaften haben, wo man sagt, wow, das ist aber beeindruckend. Und ich glaube, ich hatte immer wieder das Glück, Leute zu treffen, die mich mit bestimmten Eigenschaften sehr inspiriert haben. Während meiner Doktorarbeit habe ich damals in den USA geschaut, wer eigentlich richtig gut zu dem Thema publiziert. Und habe dann auch ein bisschen naiv einfach mal geschrieben, ‚Lieber Professor Sankar Sen, ich finde Ihre Artikel toll, ich würde Sie gerne mal kennenlernen.' Und ich habe auch geschrieben: ‚Ich habe hier ein paar Kooperationsprojekte mit deutschen Firmen, könnten wir uns mal treffen?' Und dann hat er direkt geantwortet ‚Laura, das sieht spannend aus, was du da machst, komm doch mal nach New York.' Und dann bin ich da eine Woche später nach New York geflogen und habe ihn getroffen. Das ist dann vielleicht so ein Teil Naivität, den ich habe. Aber das hat mir häufig geholfen, wo andere vielleicht gedacht hätten, ich kann doch jetzt nicht einfach einem etablierten Professor, der Hunderte von tollen Papern publiziert hat, schreiben. Das habe ich aber auch wiederum von jemandem gelernt, von einer Person, die ich vorher am Lehrstuhl kennengelernt hatte. Und die war genauso drauf. Teilweise habe ich auch von den Leuten etwas mitbekommen, die jetzt gar nicht diese beeindruckenden Identifikationsfiguren auf einer großen Bühne waren, sondern die einfach gezeigt haben: Hey, man kann das doch einfach mal machen."

MEINE PERSÖNLICHEN PERFORMANCEHACKS

Was ist dein Geheimnis, mit dem du tagtäglich das Allerbeste aus dir herausholen kannst?
„Wir haben alle viel zu tun und wenig Zeit und eine große Aufgabe ist ja immer, sich zu fokussieren. Und ich glaube, was für mich immer gut funktioniert ist, sich einfach mal wirklich, auch wenn das noch mal mehr Zeit kostet, hinzusetzen und zu fragen: ‚Was will ich eigentlich bewirken und warum? Was kann ich denn eigentlich gut, was interessiert mich denn? Und wo ist denn da wirklich gerade ein Bedarf in der Welt, dass ich mich da einbringe. Was sind da meine Stärken?‘ Dafür muss man sich wirklich auch den Raum nehmen und einfach sagen: ‚Dieser Nachmittag, der gehört jetzt mal meiner eigenen Strategiesitzung mit mir selbst. Und da nehme ich mir mal ein paar Blätter Papier und setze mich in den Garten oder fahre auf den Berg rauf oder so.‘ Aber ich glaube, das hilft mir total, mich mal hinzusetzen, den Kopf zu sortieren und mich zu fragen, wie priorisiere ich mich und was will ich eigentlich. Das macht man in Teams auch, dass man da regelmäßige Strategiesitzungen hat, warum nicht auch mit sich selbst?"

> » „Regelmäßige Strategiesitzungen hat man auch in Teams, warum also nicht mit sich selbst?"

„We love what we do" ist das Motto deines Lehrstuhls. Ist das hilfreich, damit Höchstleistung leichter wird oder muss Höchstleistung immer anstrengend sein?
„Die Frage ist ja, wofür macht man das Ganze überhaupt? Wenn man etwas tun muss, was total anstrengend ist und was man eigentlich gar nicht tun will, dann tut man es ja anscheinend für andere. In dem Moment, wo man was für sich selbst tut, kann es auch sehr anstrengend sein, aber man hat nicht das Gefühl, sich dagegen wehren zu müssen. Ich glaube, was ich immer so wichtig finde, ist dieses Konzept der

Self-Determination, also ich tu das, was ich tun will, und wenn etwas anstrengend ist, dann habe ich mir das selber eingebrockt. Natürlich gibt es Leute, die können sich ihre Arbeitsweisen nicht frei aussuchen. Aber gerade in einem Kreis von Menschen, die studiert haben und dieses Privileg haben, da hat man auch die Freiheit, sich aus Berufsfeldern zurückzuziehen, wenn man das Gefühl hat, dass man da eingeschränkt wird und nicht das tun kann, was man tun möchte. Und da muss man dann vielleicht manchmal den Absprung wagen. Nein sagen und ein bisschen Risiko in Kauf nehmen. Aber man muss aus dieser Opferrolle rauskommen, in der man sich sagt, dass man es tun muss."

> » „Wenn es mir nicht passt, dann muss ich es halt ändern."

PERSÖNLICHKEIT

Was würdest du deinem jüngeren Ich raten?
„Ich glaube, mehr das Gefühl zu haben, dass man sich selbst aktiv einbringen kann. Ich habe häufig gedacht, da sind Leute, die regeln das schon. Da gibt es Politiker, die machen das schon, da gibt es Ältere und Leute mit mehr Erfahrung, die machen das schon. Und die können das viel besser. Aber warum nicht viel früher damit im Leben starten? Ich sehe jetzt jüngere Generationen, die teilweise so viel selbstbewusster agieren. Und ich finde es so wichtig, dass man sich einfach auch als jüngerer Mensch in gesellschaftliche Themen einbringt. Das würde ich meinem damaligen Ich raten, noch ein bisschen selbstbewusster in der Art und Weise zu sein, wie du dich einbringen kannst."

Wenn du eine große Anzeigentafel an einem beliebigen Ort dieser Welt stellen könntest, was würde draufstehen?
„Erkenne dich selbst."

Was ist der schlechteste Rat, der häufig erteilt wird?
„Ohne Fleiß kein Preis. Hat meine Mathelehrerin zu mir gesagt. Ich glaube, wenn man sich ständig zu irgendwas zwingen muss, ist das vielleicht nicht der richtige Weg. Ein bisschen Selbstdisziplin erfordert es oft, wenn man Dinge erreichen will. Aber man soll sich auch nicht verbiegen und man soll auch nicht versuchen, nach irgendwelchen Dingen zu streben, die andere von einem erwarten, wenn das nicht der eigene Weg ist. Und dieses ‚Hauptsache fleißig sein, Hauptsache im System was erreichen' muss das sein? Damit kann ich mich nicht identifizieren."

Hast du ein Lebensmotto, was dich begleitet, liebe Laura?
„Ja: Bewusst leben, im Moment leben. Ich glaube, das verliert man so leicht. Wir sind so getrieben von unserem ganzen Konstrukt Gesellschaft. Und ich glaube, das ist für mich so wichtig, sich wieder hinzusetzen und zu sagen: ‚Moment, stopp, ich bin hier im Jetzt und das passiert jetzt gerade.'"

Die persönlichen Hacks von Laura Maria Edinger-Schons findest du im Audio des Interviews (s. Abb. 11.1).

Abb. 11.1 Fast Lane Laura Maria Edinger-Schons

12

Bis zu den Sternen: Das Abenteuer Weltall mit Kampfflugzeugpilotin und Ingenieurin Nicola Winter

> „Wenn ich wirklich außergewöhnliches Abenteuer erleben möchte, muss ich bereit sein, dahin zu gehen, wo noch keiner war" Nicola Winter.

Nicola Winter

Fliegen, Weltall und Abenteuer, das sind Nicola Winter's Leidenschaften. Nicola Winter war Deutschlands zweite Kampfflugzeugpilotin, Fluglehrerin und Stabsoffizierin bei der Bundeswehr. Sie steuerte als eine von nur drei Frauen in der Luftwaffe den Eurofighter. Nicola verfolgte ihren Kindheitstraum vom Flug ins All und wurde als Astronautin Trainee von der Initiative „Die Astronautin" ausgewählt, welche erstmals eine deutsche Frau ins All bringen wollte. Neben ihren Erfolgen bei der

---

Ergänzende Information Die elektronische Version dieses Kapitels enthält Zusatzmaterial, auf das über folgenden Link zugegriffen werden kann https://doi.org/10.1007/978-3-658-40052-1_12.

© Springer Fachmedien Wiesbaden GmbH, ein Teil von Springer Nature 2023
K. Leinweber, *High-Performance: Erfolg ist, was du aus dir machst*,
https://doi.org/10.1007/978-3-658-40052-1_12

Bundeswehr und in der Raumfahrt engagiert sich Nicola Winter als Rettungssanitäterin und Rettungshubschrauberpilotin.
Krafttier: Kolibri

INTRO

Liebe Nicola, woran denkst du, wenn du die Worte Spitzenleistung und Erfolg hörst?
„Das Wichtigste beim Thema Spitzenleistung und Erfolg ist, zu erkennen, dass Erfolg was sehr Individuelles ist. Wir hatten die letzten Jahrzehnte eine Version von Erfolg in der Gesellschaft, in Büchern, in Filmen sehr vorgegeben als Erfolg ist gleich Karriere. Und für mich hat Karriere in diesem klassischen Sinn mit Erfolg überhaupt nichts zu tun. Gar nichts. Sondern Erfolg ist es, wenn man dahin kommt, an das Ziel, das man selber erreichen möchte. Und das kann mit der klassischen Karriereleiter überhaupt nichts zu tun haben. Spitzenleistung ist natürlich auch immer was Individuelles, und wenn man seine persönliche Spitzenleistung abruft, dann kann man auch seinen eigenen persönlichen Erfolg abrufen. Ich glaube wiederum, dass echter Erfolg, ohne eigene Spitzenleistung, nicht möglich ist. Dann definiert man Erfolg sehr niedrig, So richtig viel Erfolg im Leben zu haben, ohne, dass man sich anstrengt, ist schwierig."

> » „So richtig viel Erfolg im Leben zu haben, ohne, dass man sich anstrengt, ist schwierig."

Welche deiner Eigenschaften, die dir geholfen haben, deine PS wirklich erfolgreich rauszubringen, hast du von Zuhause mitbekommen?
„Ja, das Wichtigste, was ich tatsächlich von Zuhause mitbekommen habe für meinen eigenen Erfolg, ist tatsächlich sehr viel Selbstbewusstsein. Ich komme aus einer Familie mit sehr selbstbewussten Menschen und sehr durchsetzungskräftigen Frauen. In der Fliegerei würde man dazu sagen, ‚einen breiten Reifen fahren'. Also selbstbewusstes, raumeinnehmendes Auftreten war bei uns völlig selbstverständlich. Ich musste erst lernen, dass das andere Menschen nicht so machen. Das hilft aber sehr. Wenn ich Dinge selbstbewusst angehe und annehme, dass ich Erfolg habe, wenn ich mich anstrenge, ist es viel einfacher, ihn zu haben, als wenn ich mit einem negativen Mindset rangehe. Wenn man sein eigenes Scheitern schon erwartet, kann man sich brutal im Weg stehen. Und das Problem hat bei uns Zuhause niemand, und deswegen hatte ich das auch nicht."

» „Wenn man sein eigenes Scheitern schon erwartet, kann man sich brutal im Weg stehen."

Da wirst du bestimmt von vielen Menschen beneidet. Gab es denn bei dir im Leben auch Krisen oder Wendepunkte, die sich im ersten Moment unangenehm angefühlt haben, aus denen du jedoch etwas Gutes gemacht hast?
„Ganz klares Ja. Es gab einige Krisen. Krisen fühlen sich immer ekelhaft an. Also wenn es sich nicht ekelhaft anfühlt, ist es, glaube ich, auch keine Krise. Und es ist ein bisschen platt, aber natürlich, jedes tiefe Tal der Tränen, durch das man geht, lässt einen gestärkt zurück. Die vierte oder fünfte Krise im Leben wirft einen schon nicht mehr ganz so um wie die erste. Alleine, weil ich schon dieses Erlebnis habe, dass am Ende jedes Tränentals auch wieder Licht kommt und dass man es meistern kann. Ich hatte in meinem Leben schon gefühlt relativ viele

Todesfälle in der sehr nahen Umgebung. Als ich 15 war, ist mein Stiefvater beim Fliegen ums Leben gekommen. Der war damals erst zwei Jahre mit meiner Mutter verheiratet. Das hat sie natürlich völlig aus der Bahn geworfen. Tatsächlich hat es mir vor allem gezeigt, wie kurz das Leben sein kann. Mein Stiefvater ist mit 40 ums Leben gekommen, bei etwas, was er sehr gerne gemacht hat. Also habe ich damals als Fünfzehnjährige so reflektiert, wenn mein Leben halt auch nur bis 40 geht, muss ich gucken, dass ich so viel wie möglich von dem, was ich tun und erreichen möchte, schaffe, bis ich 40 bin. Ohne Stress, aber auch ohne Zeitverschwendung. Was tatsächlich dann ein sehr, sehr großer Motivationsfaktor war durch mein ganzes Leben. Deshalb dachte ich auch, ich versuche es jetzt bei der Bundeswehr. Ich haue da jetzt rein, ich mache das. Irgendwann ist es aus, und dann würde ich mich nur ärgern darüber, dass ich es nicht versucht habe."

KLARHEIT

Wenn du ein Ziel vor Augen hast, was hilft dir dabei, das Ziel auch zu erreichen, Nicola?
„Mir hilft es sehr, so ein Ziel in ganz kleine Schritte runterzubrechen. Also ich hatte schon mehrere Ziele, die sich anfühlen, wie wenn man vor einem riesigen Berg steht. Wie wenn du vor dem Mount Everest stehst und du weißt überhaupt nicht, wie das jetzt gehen kann. Gerade im Studium. Ich habe mein gesamtes Studium im Fernstudium gemacht. Und da weiß man einfach nicht, ‚oh Gott, wo logge ich mich hier überhaupt ein. Was muss ich überhaupt für Kurse nehmen? Wie geht das? Was muss ich da machen? Wie erreiche ich meine Professoren?' Also so ein Gefühl der völligen Überforderung, weil man überhaupt nicht weiß, und ich nicht wusste, wo ich anfangen soll. Und dann einfach zu sagen, ist egal. Ich muss es nicht wissen, sondern ich muss immer nur den nächsten Schritt gehen. Einfach einen kleinen Schritt nach dem anderen zu gehen. Und das hat tatsächlich für mich immer wahnsinnig gut funktioniert. Wenn ich gar nicht weiß, wo ich anfange, fange ich halt irgendwo an. Jetzt machst du mal irgendwas, und dann wird der nächste Schritt schon auftauchen. Und der taucht

dann meistens auch auf, und wenn du kurz vor dem Gipfel bist, dann kannst du irgendwann auch den Gipfel sehen."

> „Wenn ich gar nicht weiß, wo ich anfange, fange ich halt irgendwo an. Wenn du kurz vor dem Gipfel bist, dann kannst du irgendwann auch den Gipfel sehen."

ANTRIEB

Es gibt sicher auch Momente, in denen du mal nicht motiviert bist. Was machst du denn dann?
„Nichts. Dann mache ich nichts, ehrlich gesagt. Ich finde das ganz wichtig. Natürlich habe ich Phasen, in denen ich nicht motiviert bin. Und dann kommt es sehr darauf an zu fragen, kann ich mir das gerade leisten oder nicht. Ich finde es total wichtig, für mich, dass ich mit mir selber extrem nett umgehe. Ich habe das wirklich in meinem Kopf: Ich bin mein eigener Trainer und meine eigene Leistungssportlerin. Und wenn ich Trainer wäre und hätte eine andere Person als Leistungssportlerin, die zu mir kommt und sagt: ‚Hör mal, heute fühle ich es überhaupt nicht. Heute geht nichts. Ich habe es versucht.' würde ich auch nicht Druck, Druck, Druck machen, sondern Sagen ‚Ja, gut, dann machst du jetzt halt heute mal Pause, dann greifen wir morgen wieder vernünftig an.' Und genauso mache ich das mit mir selber auch. Wenn ich mir abends vornehme, heute reißt du noch richtig was und dann merke, der Kopf ist zu, ich kann nicht mehr, ich will nicht mehr, ich will einfach nur Netflix, dann gibt es halt mal einen Abend Netflix. Wohl wissend, dass es nicht jeden Abend ist. Dann sage ich mir, okay, dann machst du heute nicht viel, aber ein bisschen was. Dann mache ich mal was, was nicht so viel Kraft erfordert, vielleicht etwas Administratives. Dann hat man wieder was geschafft und ein bisschen was machen ist immer besser als gar nichts zu machen. Würde ich tatsächlich in eine Situation kommen, wo ich mir ein Ziel gesetzt habe,

und dann feststelle, ich habe nie Lust darauf, ich bin nie motiviert, würde ich mal das Ziel hinterfragen. Also ich suche mir schon Dinge aus, die ich gerne machen möchte, weil ich Lust darauf habe, weil ich Spaß daran habe. Es ist, wie wenn Menschen versuchen, sich zum Laufen zu quälen, die völlig ungeeignet sind zum Laufen. Wo ich sage: ‚Ja, dann mach doch was anderes als Sport. Mach doch einfach was, was dir Freude macht.' Dann kann man das auch hinkriegen, dass es gut funktioniert.

> » „Ich finde es total wichtig, für mich, dass ich mit mir selber extrem nett umgehe. Ich habe das wirklich in meinem Kopf, ich bin mein eigener Trainer und meine eigene Leistungssportlerin."

Welche Fähigkeiten durftest du in den letzten Jahren lernen, die dir jetzt immens weiterhelfen?
„In den letzten Jahren habe ich sehr viel über Diplomatie gelernt. Ich war mit Anfang 20 sehr stur, einfach ohne Rücksicht auf Verluste voran. Ich habe gelernt, dass das oft nicht zum Erfolg führt, sondern dass mit ein bisschen Intelligenz und Grips diplomatisch vorankommen gut funktioniert. Ich habe besser zuhören gelernt. Das ist das Gleiche. Zu verstehen, was motiviert die Menschen, mit denen ich zu tun habe wirklich. Und wie können wir zusammen was erreichen, mit deren Motivationslage und meiner. Und auch zu verstehen, dass nicht alle Menschen so ticken wie ich. Man muss sich mit jedem darüber unterhalten und fragen: Warum bist du hier? Was bringt dir das? Was erhoffst du dir? Was erhoffe ich mir? Um wirklich zu verstehen, wie tickt die andere Person und was motiviert sie."

ENERGIE

Du wirkst nach außen sehr kraftvoll und energetisch. Was tust Du, um jeden Tag Kraft und Energie zu generieren?
„Das ist eigentlich das, was wir vorher schon besprochen hatten. Ich bin mit mir selber sehr nett. Ich behandle mich selber sehr, sehr gut, körperlich, aber auch geistig. Auch wie ich mit mir selber intern spreche ist sehr liebevoll und annehmend. Zu sagen: ‚Ja, ich habe Fehler. Ich weiß, dass ich Fehler habe, bin auch nicht stolz auf diese Fehler, aber ich nehme sie an und kasteie mich deswegen nicht. Und beobachte mich aber auch sehr genau. Also es kommt auch durch die Fliegerei, wo das sehr wichtig war, sich jeden Tag zu fragen: ‚Bist du bereit? Bist du ready? Bist du wirklich voll da?' Ich frage mich oft: ‚Okay, bist du eigentlich nur faul und hast noch Reserven, dann müssen wir schon ein bisschen was machen oder bist du wirklich leer?' Habe ich im Moment zu viel Stress? Ist es vielleicht sogar langfristig ein bisschen zu viel? Es ist wichtig, dass ich mich da selber sehr genau einpendel. Weil ich eben weiß, dass ich das, was ich jetzt mache, das Pensum, die Arbeit, das Kind, ja, langfristig durchhalten möchte. Ja, ich möchte das auch noch 20 Jahre machen, und ich möchte auch Spaß daran haben, sonst ist es verlorene Lebenszeit. Und da beobachte ich mich jeden Tag und stelle das vernünftig ein, damit es dann so geht. Vernünftig einstellen bedeutet, nicht nur Druck, sondern auch Spaß dabei haben, Eis essen, mal eine Auszeit nehmen. Und mir Dinge auszusuchen, die ich einfach wirklich gerne mache und die mir Freude machen."

» „Ich weiß, dass ich Fehler habe, bin auch nicht stolz auf diese Fehler, aber ich nehme sie an und kasteie mich deswegen nicht."

Hast du eine spezielle Morgen- oder Abendroutine, Nicola?
„Ich bin überhaupt kein Morgenmensch. Es ist ganz dramatisch. Es ist vor allem so dramatisch, weil ich auch so lange bei der Bundeswehr war

und mich 14 Jahre lang irgendwie um 6 Uhr 30 in die Arbeit gequält habe, und das meinem Biorhythmus völlig zuwider ist. Also morgens halte ich mich nur an meinem Kaffee fest und versuche zu überleben, bis mein Gehirn angeht (lacht). Abends bin ich da viel besser drauf und auch organisierter und strukturierter. Wenn ich abends noch arbeite, habe ich zum Beispiel meine Computer und Bildschirme alle so eingestellt, dass sie ab 21 Uhr in diesen Nachtmodus gehen. Ich achte wirklich sehr darauf, dass die Lichtqualität um mich herum sanft ist, dass man dann mal runterkommen kann und bewusst auch den Computer ausschaltet. Und dann trinke ich gern noch mal einen Tee. Also da nehme ich mir sehr gern, sehr viel Zeit. Weil dann ist auch Ruhe, um das Leben zu genießen und abzuschalten."

PRODUKTIVITÄT

Wie schaffst du es denn, Ablenkungen zu vermeiden und den Fokus zu halten?
„Oh. Das ist für mich sehr, sehr wichtig, weil ich so begeisterungsfähig bin und auch dazu tendiere, sehr gerne zu prokrastinieren. Also dann Dinge zu machen, die ich nicht tun sollte. Meine Wohnung war nie so aufgeräumt wie im Studium. Das ist für mich ganz, ganz wichtig, dass mein Arbeitsplatz, egal ob Schreibtisch oder Cockpit, total aufgeräumt ist. Bei mir kann man auch mit einem Blick sehen, wie mein Leben gerade läuft, wenn man eben meinen Schreibtisch anschaut. Weil der eigentlich immer, wenn ich alles unter Kontrolle habe, wirklich aufgeräumt ist. Stapel hier, da To-dos, auf der anderen Seite noch die Stifte und ansonsten frei von Arbeit oder frei von Zeug. Weil das auch im Cockpit so wichtig ist. Man kann im Cockpit, wo man ja sehr wenig Platz hat, keinen Zettelwust, und hier noch ein Sticky Note brauchen. Das lenkt einen ab. Deswegen ist mein Büro sehr aufgeräumt. Ich arbeite natürlich auch gerne und viel im Homeoffice, und auch da ist es so, da muss ich in der Früh erst die Wohnung aufräumen, und dann kann ich anfangen zu arbeiten, um das zu vermeiden und mich wirklich gut konzentrieren zu können. Das andere, was für mich dann sehr, sehr gut funktioniert, was ich eigentlich immer mache, ist, Musik zu

hören, wenn ich intellektuelle Arbeit leisten muss. Und die ist auch sehr bewusst ausgesucht, z. B. Klassikradio. Es gibt Kanäle, die nur für Arbeiten Konzentrationshintergrundmusik haben. Also ich würde nie einen normalen Radiosender hören, weil dann labert wieder einer und man wird wieder abgelenkt."

EMOTIONALE STABILITÄT

Du hast sicherlich auch mal Ängste und Zweifel. Was machst du, wenn dich solche Emotionen einholen?
„Vor allem, sie bewusst annehmen. Ängste und Zweifel werden am schlimmsten, wenn man sie unterdrückt. Wenn man sie so wegdrückt und sich ihnen nicht stellt. Weil dann haben sie, für mich, die Tendenz, immer größer zu werden. Dann hat man irgendwie so ein schwarzes Loch, was da so steht, wie so ein kleines Monster im Schrank. Und wenn man es nicht anguckt, eben immer mehr Bedenken hat, wird das Problem oft größer, als es sein müsste. Wenn ich Angst habe, in der Arbeit zu versagen, dass mein Projekt nichts wird oder dass es mir über den Kopf wächst, gucke ich mir das genau an. Oder auch so Dinge, wie, dass der Familie irgendwas passieren könnte. Also die Liste an möglichen Ängsten, die man so hat, ist ja sehr lang. Dann beschäftige ich mich damit und denke darüber nach, um zu sagen, ist es eine begründete Angst. Ist es wirklich ein Risiko, was im Moment besteht, und nicht eins, was bestehen könnte? Das ist ja wichtig. Wenn es ein Risiko ist, was tatsächlich besteht, ergreife ich vernünftige Maßnahmen, um es abzustellen oder zu minimieren. Vielleicht ist es wirklich ein Problem, dann muss ich eine Lösung finden. Mit so diffusen Ängsten wie – meine kleine Tochter ist zwei, da gibt es 1.000 Gefahren in der Welt, was ihr alles passieren kann – habe ich die sehr große Guideline, dass ich mir nur über Dinge Sorgen mache, die real sind. Weil die Dinge, die wir uns einbilden können und die man sich vorstellen kann, dass sie passieren, sind sehr, sehr, sehr viele, und 95 % davon werden nie Realität. Das heißt, da würde ich mir ständig Sorgen und Ängste machen über Dinge, die nie passieren, und das ist dann leider wirklich Lebenszeitverschwendung. Umso mehr Energie gebe ich denen, die real

sind. Und was mir sehr geholfen hat im Letzten, ist anzunehmen, dass ich das Leben, mein Leben, mich und die Welt nicht unter Kontrolle habe. Die Illusion von Kontrolle ist sehr groß, aber sie ist völlig irreal. Ich beeinflusse die Dinge, die ich beeinflussen kann, und alles andere ist Leben, Schicksal, Zufall, wie immer man es nennen will. Das hat mir auch sehr geholfen, da nicht zu verbissen zu sein oder zu verängstigt."

> „Die Illusion von Kontrolle ist sehr groß, aber sie ist völlig irreal. Ich beeinflusse die Dinge, die ich beeinflussen kann, und alles andere ist Leben"

Was macht dich denn glücklich, Nicola?
„Es gibt sehr viele Dinge, die einen glücklich und zufrieden machen können, wenn man mit wachen Augen durch die Welt geht. Und für mich ist nicht dieses große Yeah-Glücksgefühl entscheidend, sondern so eine tiefe, innere Lebenszufriedenheit, und die Fähigkeit, das Leben so, wie es ist, einfach genießen zu können. Und ich glaube, es ist auch für viele Leser, Leserinnen von deinem Buch so, dass wir unglaublich privilegiert sind. Und mit privilegiert meine ich jetzt nicht die Superreichen, Superschönen, sondern jeder, der in Deutschland oder einem europäischen Land ganz normal leben darf, ja. Ich wache morgens auf, es stehen keine fremden Menschen in meiner Wohnung. Mein Kühlschrank ist an, es ist Essen drin. Es kommt heißes Wasser aus der Dusche und ich kriege einen warmen Kaffee. Dann denke ich mir ‚Geil. Das ist ja schon mal ein guter Anfang an diesem Tag.' Weil es könnte ja auch anders sein. Und die Lebensrealität von vielen Menschen heute und vor allem in der Geschichte der Menschheit war komplett anders. Meine Tochter ist zwei Jahre alt, die hat in ihrem Leben noch nicht einen einzigen schlechten Tag gehabt und noch nie irgendwas Schlimmes erlebt. Und dass ich ihr das so bieten kann und dass ich mir auch ziemlich sicher bin, dass ich ihr das die nächsten 20 Jahre so ermöglichen kann, das kann ich sehr genießen. Und dann essen wir

auch jeden Tag ein Eis, weil man eben immer nicht weiß, wie lange das Leben dauert. Deswegen wäre es auch schade, das Dessert nicht zu essen. Und diese kleinen Freuden des Lebens, ja, des Alltags wirklich mitzunehmen und zu genießen ist für mich sehr wichtig, weil der Großteil des Lebens aus Alltag besteht."

» **Es gibt sehr viele Dinge, die einen glücklich und zufrieden machen können, wenn man mit wachen Augen durch die Welt geht."**

MUT

Ich finde auch, ein Eis hat man sich immer verdient (lacht). Zum Thema Mut, liebe Nicola. Bist du eher der Typ Anlauf nehmen und springen oder lieber erst mal analysieren und warten?
„Lieber erst mal gucken, dann springen. Also ich bin schon so, ich würde jetzt nicht einfach Anlauf nehmen und springen. Muss ich einmal gucken, wie weit es ist, wo man da hinspringen will, ob sich das vielleicht ausgeht. Aber Warten macht es meistens auch nicht besser. Also dann, einmal gucken, dann Anlauf nehmen, dann springen."

Wie gehst du mit Risiken und Hindernissen um, wenn sich welche in deinen Weg stellen?
„Ja, ich nehme das immer als Herausforderung an meine eigene Intelligenz. Und selbstverständlich, wie die meisten aller Menschen, halte ich mich für fürchterlich intelligent. Das heißt also, ich gehe davon aus, dass, wenn ich nur clever genug bin, es ja immer einen Weg gibt, das Problem oder das Hindernis elegant zu lösen. Nicht mit dem Kopf durch die Wand, sondern sich zu fragen, okay, was ist denn das Problem. Oft ist das Problem menschlicher Natur, und dann muss ich wieder verstehen, was in dem anderen vorgeht, oder in den anderen, die unter Umständen die Hindernisse sind. Und dann gibt es ja so einen sehr einfachen Spruch, sozusagen die Einsicht zu haben, also wenn mir

was nicht gefällt, es entweder zu ändern, zu akzeptieren oder es zu verlassen, und die Weisheit zu haben, zwischen diesen drei Dingen unterscheiden zu können, um den richtigen Weg zu wählen. Und das finde ich da immer sehr wichtig, zu sagen, okay, ich habe ein Problem, ein Hindernis. Kann ich es irgendwie ändern? Wenn nicht, kann ich es akzeptieren? Wenn nicht, kann ich es verlassen? In 99,9 % der Fälle funktioniert das ja, dass man sagt, okay, dann muss ich das irgendwie ändern. Druck erzeugt immer Gegendruck. Das ist dann das Letzte, was ich als Weisheit sozusagen dazu habe. Mit dem Kopf durch die Wand, oder andere Menschen versuchen, zu zwingen, was zu tun, ihnen den eigenen Willen aufzuzwingen, das funktioniert eigentlich nie. Vor allem nicht langfristig. Sondern zu sagen, okay, ich muss mal herausfinden, was er oder sie davon haben könnte, wenn das so funktioniert, oder wenn wir das so machen, wie das jetzt für mich gerade gut wäre, und dann so eine WinWinSituation zu schaffen. Das ist dann meistens ein sehr nachhaltiger Erfolg."

> » „Ich gehe davon aus, dass es, wenn ich nur clever genug bin, immer einen Weg gibt, das Problem oder das Hindernis elegant zu lösen."

EINFLUSS

Du stehst auch auf der Bühne, du begeisterst, inspirierst, motivierst andere Menschen. Wie schaffst du das?
„Ich versuche das eigentlich gar nicht. Also ich habe kein großes Sendungsbewusstsein. Das heißt, ich glaube nicht, dass ich jetzt die Weisheit mit Löffeln gefressen habe und das hinaustragen muss in die Welt. Sondern ich berichte, wenn Menschen das möchten, sehr gerne von meinem eigenen Weg und was für mich funktioniert hat, als Angebot für andere Menschen, als Buffet der Ideen, dass man sich davon was runternehmen kann. Weil ich das bei allen anderen

Menschen, die ich in meinem Umfeld so habe, die man auch online sieht oder im Fernsehen, oder die ich auf Bühnen erlebt habe, genauso mache. Alles, was mir gefällt, picke ich mir heraus, nehme es als Inspiration oder adaptiere das, wenn möglich, auch relativ viel. Und für mich funktioniert es auch relativ oft, manche Botschaften immer mal wieder zu hören. Solche, wo man sagt, ich weiß es eigentlich, aber es tut schon gut. Ist wie beim Zahnarzt. Wenn man ab und zu hört, dass man es doch tatsächlich so machen sollte. Und das ist mein Angebot. Und dann spreche ich nur über Dinge, die ich selber so wirklich erlebt habe und die für mich selber so funktionieren. Und dadurch kann ich das dann auch mit Überzeugung und mit Freude an der Sache tun, weil ich mich nicht verstellen muss und dann so tun müsste, als würde das funktionieren."

Hast du denn eigene Vorbilder, beziehungsweise was hältst du von Vorbildern?
„Ich finde das Thema Vorbilder extrem zweischneidig. Weil das, ja, seit einigen Jahren gerade im Mint-Bereich für Mädchen extrem gefördert oder verbalisiert wird. Mädchen brauchen Vorbilder. So. Fein. Hilft uns allen ja, wenn man sieht, dass jemand anders den Weg schon gegangen hat. Ich finde es dann noch merkwürdiger, wenn man sagt, die Vorbilder müssen auch so aussehen wie wir. Hilft vielleicht auch, wenn jemand, der genauso aussieht wie ich, das schon gemacht hat, aber ich finde es sehr platt. Als Kind habe ich sehr gerne Star Wars geguckt. In Star Wars wollte ich immer sein wie Luke Skywalker, ja, der Held. Habe mich nie hinterfragt, ob das für mich überhaupt in Frage kommt, denn das ist jetzt ein Junge und ich bin ja ein Mädchen. Der war halt cool und ich wollte so sein wie er. Weil meine Selbstwahrnehmung war nie, ich bin in erster Linie Frau oder damals Mädchen, sondern, ja, natürlich bin ich jetzt auch eine Frau, aber es ist wirklich nichts, was mich groß und ganz definiert. Und ich finde es immer schön, und es gibt viele Menschen, die ich bewundere, oder cool und lässig finde für das, was sie getan haben. Marie Curie. Neil Armstrong. Juri Gagarin. Also da gibt es eine sehr lange Liste von Menschen, wo ich denke, ‚du warst eine coole Sau.' Aber ich habe keinerlei Copy-Gen in mir, weil

ich schon verstehe, dass auch das alles nur Menschen waren. Ganz normale Menschen, die halt Außergewöhnliches getan haben. Jeder ist mal ein kleines Baby, jeder ist irgendwann alt, dazwischen können wir coole Dinge machen. Und man muss kein Superheld sein, um Außergewöhnliches zu tun. Und dann, wenn man irgendwas als Erster machen will, so ernsthaft als Erster, als Pionier, kann es keine Vorbilder geben. Also wenn ich wirklich außergewöhnliches Abenteuer erleben möchte, muss ich bereit sein, dahin zu gehen, wo noch keiner war, und dann muss ich es auch ohne Vorbilder schaffen."

> » „Wenn ich wirklich außergewöhnliches Abenteuer erleben möchte, muss ich bereit sein, dahin zu gehen, wo noch keiner war."

MEINE PERSÖNLICHEN PERFORMANCE HACKS

Liebe Nicola, was ist dein ganz persönlicher Erfolgshack? Also dein ganz persönliches Erfolgsgeheimnis?
„Mein ganz persönliches Erfolgsgeheimnis ist, Dinge zu machen, die ich wirklich gerne und mit Freude mache und dann da auch immer ein bisschen durchzuhalten. Also Leidenschaft und Durchhaltevermögen in der Kombination."

So eine tolle Formel. Die finde ich ja klasse. Ist Scheitern denn erlaubt, Nicola?
„Ja. Also Scheitern ist natürlich prinzipiell erlaubt. Wobei ich das immer gerne umwandle, zu sagen, nur, weil ich einen Rückschlag erleide, weil etwas nicht so funktioniert hat, wie geplant, ist es ja lange noch kein Scheitern. Scheitern ist für mich so was ganz Dramatisches, das passiert eigentlich den meisten Menschen nie, sondern sie nehmen ihren eigenen Misserfolg oder Rückschlag viel größer wahr, als er ist. Ich denke mir auch immer, das wäre eh so gekommen, weil ich dieses Lehrgeld bezahlen musste, und der Weg zum Erfolg halt leider drei falsche

Abzweigungen beinhaltet hat. Also ich werde ja dadurch nur schlauer und besser."

> » „Nur weil ich einen Rückschlag erleide, weil etwas nicht so funktioniert hat wie geplant, ist es ja lange noch kein Scheitern."

Kann Höchstleistung einfach sein?
„Ich glaube schon, dass Höchstleistung einem nicht schwerfallen muss, wenn man eben wieder etwas macht, das einen begeistert, das einem liegt und das man gerne macht. Es wird nie so sein, dass es eine Abkürzung gibt zum Erfolg. 15 Minutes of Fame und Dieter Bohlen, das ist leider eine Lüge. Man muss da schon Arbeit reinstecken. Aber wenn ich bereit bin, jeden Tag ein kleines Stück des Weges zu gehen, muss der Weg nicht jeden Tag schmerzhaft sein und kann trotzdem zu sehr schönem, sehr großem Erfolg führen."

Was ist der schlechteste Rat, der häufig erteilt wird, Nicola?
„Gib nie auf. Oh, ich hasse diesen Rat so sehr. Wir haben ja nur bestimmte Ressourcen im Leben an Zeit und Energie. Und man sollte die wirklich clever und mit Gehirn einsetzen. Es ist wie ein Fußballspiel. Das dauert 90 Minuten. Bin ich jetzt in der siebzigsten Minute und liege 4:1 hinten, dann kann ich noch richtig Gas geben, ich kann das Spiel noch drehen. Auch wenn einer sagt: 'Es ist irgendwie blöd', kann ich noch gewinnen. Wenn aber schon abgepfiffen wurde und ich habe verloren und das Spiel ist aus, dann ist es auch okay, nach Hause zu gehen. Und was ich damit meine, ist, wenn man völlig talentfrei ist in einem Bereich und einem Leute, die wirklich Ahnung davon haben, sagen 'Du bist völlig talentfrei', macht es Sinn, es nicht mit dem Kopf durch die Wand weiter zu versuchen, sondern sich was zu suchen, in dem man gut ist. Ich wollte als Kind unbedingt Schauspielerin werden. Ich habe drei Jahre Schauspielunterricht genommen. Ich bin

als Schauspielerin völlig talentfrei. Völlig. Ich kann es überhaupt nicht. Und deswegen hat es Sinn gemacht, Pilotin zu werden und Ingenieurin, und nicht eine erfolglose Schauspielerin. Und diese Entscheidung muss man treffen. Auf dem Weg als Pilotin bin ich durch Check Rides durchgefallen, ich hatte schlechte Tage, aber da war das Spiel noch nicht aus. Und das ist ein wichtiger Unterschied."

Was würdest du denn der jüngeren Nicola vor 20 Jahren raten?
„Gar nichts. Die hätte eh nicht zugehört und die hätte auch von ihrem fast vierzigjährigen Ich nichts hören wollen. Ich hätte nur zu ihr gesagt: 'Mach mal. Passt schon. Wird schon.' Um da den eigenen Weg zu gehen. Ich nehme auch nicht gerne ungefragten Rat an. Also ich frage gerne nach Rat, und dann weiß ich auch, warum ich jemanden frage, den ich dann frage."

Und die allerletzte Frage, liebe Nicola. Wenn du eine große Anzeigentafel irgendwo auf dieser Welt hinstellen könntest, wo würde sie stehen, und vor allem, was würde draufstehen?
„Auch wenn es tatsächlich illegal ist, es gibt Gesetze dagegen, würde ich die ins All hängen, so 100 km Höhe oder 200 km Höhe, damit es jeder sehen kann. Zieht dann immer wieder so vorbei, wie der Mond. Ja, was würde ich da draufschreiben? Ja, so was in der Richtung wie: ‚Seid nett zueinander. Die Rettungsinsel ist echt klein und ihr habt alle nur ein Leben. Ihr könnt es nicht mitnehmen.' Das fände ich sehr wichtig. Weil viele Menschen sehr viele Dinge tun für Nachruhm, ja. Sieht man auch gerade wieder. Manchmal vielleicht auch ein sehr männliches Problem. Man denkt so, wenn du tot bist, ist es eh egal. Du brauchst deine eigene Beerdigung nicht planen, wer da kommt, weil du wirst es nicht mitkriegen. Und Menschen sich deswegen gegenseitig sehr viel Leid antun. Und das finde ich sehr tragisch und sehr unnötig. Und da würde ich gerne eine sehr positive Nachricht wie: ‚Trinkt mehr Kaffee. Esst mehr Eis. Seid nett zueinander.'

12 Bis zu den Sternen: Das Abenteuer Weltall … 193

Die persönlichen Hacks von Nicola Winter findest du im Video des Interviews (s. Abb. 12.1).

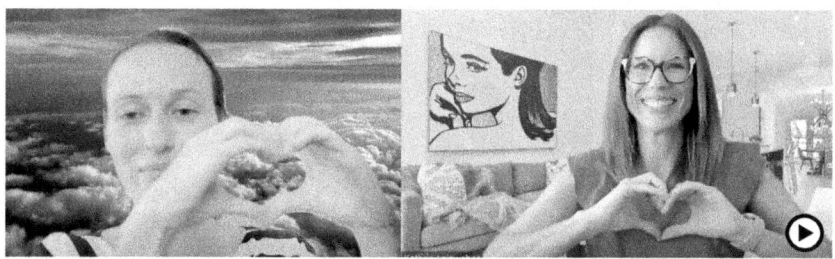

Abb. 12.1 Fast Lane Nicola Winter

13

Die Top 10 Hacks für Bestleistung und Erfolg

#Hack 1: Liefere sehr gute Ergebnisse ohne Perfektionsanspruch

Calvin Hollywood hat es in seinem Interview sehr schön auf den Punkt gebracht, als er über Produktivität gesprochen hat: „Den Feinkram, den ich mache, der wird oft gar nicht wahrgenommen. Und dafür wurde so viel Zeit vergeudet. Wenn ich die gespart hätte, hätte ich noch mehr abliefern können."

Der Wunsch nach Perfektion ist bei vielen von uns groß. Perfektion bedeutet Vollkommenheit. Sie beschreibt einen Zustand, der nicht mehr verbessert werden kann und ist damit per se nicht erreichbar. Perfektion lähmt uns und wir verlieren wertvolle Zeit für andere Projekte. **Wieso mühen wir uns ab, noch ein extra Schleifchen drumherum zu binden, wenn doch das Geschenk ausgepackt wird und die meisten dabei aus Vorfreude das Geschenkpapier zerreißen?** Das heißt nicht, dass wir uns mit einem schlechten Ergebnis zufriedengeben sollen. Vielmehr ist es wichtig zu erkennen, was wirklich zählt! Bevor du dich dem Perfektionszwang und der Illusion hingibst, Dinge immer fehlerfrei und richtig zu tun, wäre es doch sinnvoller, die RICHTIGEN

Dinge zu tun. Was bringt dich wirklich voran? Was kannst du tun, um den Ball im Spielfeld möglichst weit nach vorn zu rollen? Wo hast du den größten Hebel und was macht den Unterschied?

Die Perfektionsfalle schnappt bei vielen Menschen jedoch immer wieder zu. **Wir wollen keine Fehler machen, geschweige denn, einen Makel haben.** Deshalb investieren wir viel Zeit, Energie und Geld, um im Außen möglichst perfekt dazustehen. Oft verbunden mit einem unangenehmen Gefühl, denn ganz gleich, was uns gelingt, es ist niemals gut genug. Doch werden perfekte Menschen überhaupt gemocht? Ich gebe es zu: Ich mag echte Menschen mit Ecken und Kanten. Perfektion ist mir unheimlich. Sind es nicht die kleinen Fehler, die uns nahbar und sympathisch machen?

Ich bin übrigens nicht perfekt und ich arbeite auch nicht daran. Wenn ich morgens aufwache, sehe ich nicht aus wie auf einem Foto in einem Hochglanzmagazin. Meine Nachbarn kennen meine Stimme nicht von einem Bühnenauftritt, sondern in den höchsten Tönen, wenn ich manchmal ausflippe. Ich puzzle keine Socken mehr zusammen, sondern werfe sie alle wild durcheinander in eine Sockenschublade, wohlwissend, dass ich morgens dann doch länger suchen muss. Wenn ich auf der Bühne stehe, versuche ich natürlich für mein Publikum eine beeindruckende Performance abzuliefern, aber ich weiß auch: **Menschen wollen Menschen sehen. Und Höchstleistung entsteht nicht im Zustand der Fehlerfreiheit.**

> Hand aufs Herz: Gehörst du zu den Perfektionisten, die eine Aufgabe erst abschließen, wenn sie übererfüllt ist?

#Hack 2: Gib Vollgas und halte nichts zurück

Warum ist es so, dass die Menschen lieber auf die Bremse treten, als Gas zu geben? Aus Angst zu weit zu gehen, gehen viele gar nicht erst mit. Sie haben kein Commitment zu sich und zu ihren Zielen. Manche Menschen kennen ihre Ziele gar nicht. Oder Sie haben Zweifel daran, ob das, was sie da vorhaben, auch sicher zum Erfolg führt.

Die meisten von uns denken über ihre Ziele einmal im Jahr nach – genau zum Jahreswechsel. Das ist die Zeit der guten Vorsätze und des Neuanfangs. Am Jahresanfang geben alle Vollgas, denn ihre Ziele waren nie klarer als zu diesem Zeitpunkt: Das ist die Zeit, in der die Fitnessstudios so überfüllt sind, dass du keinen freien Spint mehr findest. Doch spätestens nach acht Wochen verlieren viele Menschen ihre Motivation, obwohl ihnen Gewicht deutlich lieber gewesen wäre. **Sie betätigen die Bremse anstelle des Gaspedals und lassen sich links überholen.** Sie sind im Delay-Modus und warten auf bessere Bedingungen: Wenn ich erst den Job habe. Wenn sie mich endlich wahrnimmt. Wenn ich nur endlich schwanger werde. Wenn meine Motivation zurückkommt. Wenn ich soweit bin. Halbschwanger gibt es nicht, das steht schon einmal fest. Den Moment, in dem du denkst „jetzt bin ich soweit", den gibt's auch nicht, denn du wirst es nie sein. Du könntest immer noch besser vorbereitet sein oder auf positivere Umstände treffen. Die Gefahr besteht allerdings, dass du nie anfangen wirst, wenn du darauf wartest.

Hinzu kommt, dass viele Menschen völlig erschöpft sind. Die Anstrengungen der herausfordernden neuen Zeit hat seine Spuren bei Ihnen hinterlassen. Wie soll man bitte mit voller Kraft auf 180 km/h beschleunigen, wenn kein Sprit im Tank ist? Aus diesem Grund ist es so wichtig, gut auf die eigene Energie zu achten und schon vorher zu tanken, bevor das Warnlämpchen leuchtet. Nicola Winter bringt es wunderbar auf den Punkt: „Ich finde es total wichtig, für mich, dass ich mit mir selber extrem nett umgehe. Ich bin mein eigener Trainer und meine eigene Leistungssportlerin." Leistungsfähigkeit ist kein Zufall. Wenn du Kraft und Energie hast, kannst du auch Vollgas geben.

Harsha Gramminger hat es in ihrem Interview betont: „Es ist egal, wo du anfängst, aber gib dich 100 Prozent da hinein." Wenn mein Herz für ein Ziel brennt, dann wünsche ich mir nichts sehnlicher, als dort anzukommen. **Ich gebe Vollgas. Ich gebe mich ganz. Ich halte nichts zurück. Ich laufe los:** Als ich das erste Mal auf der Bühne stand, hatte ich keine Ahnung vom Storytelling. Ich wusste nicht, wie ich den vollen Klang meiner Stimme nutzen kann. Ich hatte von Bühnen-Coaching nicht mal ansatzweise etwas gehört. Ich fühlte mich nicht optimal vorbereitet. Doch ich gab mich ganz. Ich wollte die Zuschauer begeistern.

Ich gab Vollgas. Und so konnte ich bei meinem ersten Bühnenauftritt mein Publikum für mich gewinnen, bekam Standing Ovations und erhielt von der hochkarätigen Jury den begehrten Excellence Award. Und ich bin mir sicher, das Geheimnis des Erfolgs lag in meiner Überzeugung: **Wirf dein Herz voraus und spring hinterher!**

> In welchen Lebensbereichen fährst du mit angezogener Handbremse?

#Hack 3: Habe ein klares Ziel und stell dir vor, du wärst schon da

Wenn es in den Urlaub geht, können unsere Reiseziele nicht weit genug sein. Jeder hat ein bestimmtes Urlaubsziel vor Augen und oft sehr schöne Vorstellungen von der bevorstehenden Zeit. Unter normalen Umständen ist das Reisefieber der Deutschen sehr groß: Allein in Frankfurt startet in der Hochsaison jede Minute ein Flugzeug. Ich schau den Fliegern gern nach und frage mich oftmals, wo die Reise hingeht für die Menschen, die da oben eng beieinander in der Economy Class sitzen.

Man sieht es oftmals an den mitleidigen Blicken der FlugbegleiterInnen, wenn sie von der First- oder Business Class in den hinteren Teil des Flugzeugs kommen: Doch vielen Menschen macht es nichts aus, zwölf Stunden oder sogar länger auf Platz 3C in der Holzklasse im Flugzeug zu sitzen. Genau da, wo die Bewegungsfreiheit so eingeschränkt ist, dass man – sofern man über 1,50 Meter groß ist – alle drei Minuten mit den Knien am Sitz des Vordermanns anstößt. Ich persönlich bewundere die Passagiere, die oftmals schon beim Start des Flugzeugs die Schlafmasken mit dem Aufdruck ‚Wake me up for drinks' aufhaben und tief und fest schlummern. **Wahrscheinlich träumen sie schon von ihren Reisezielen**: vom weichen Sand unter ihren Füßen am Ocean Beach in San Diego, vom Blick auf die Gipfel des imposanten Bergpanoramas der Dolomiten, vom warmen Meerwasser der farbenprächtigen Korallenwelt am Great Barrier Reef, von den exotischen Düften des bunten Markttreibens in Marrakesch. **Die Unannehmlichkeiten der Reise scheinen** ihnen nichts auszumachen. **Sie nehmen diese offensichtlich gern in Kauf**, denn das, was sie am Zielort erwartet, ist spannender als das schönste Weihnachtsgeschenk.

Wieso können wir gedanklich nicht schon da Urlaub machen, wo das Ziel unserer Reise ist? Denn jedes andere Ziel in unserem Leben kann genauso schön, imposant, farbenprächtig und umwerfend sein wie die Urlaubsziele, auf die wir uns so freuen. Mit einem klaren Ziel und einer Vorstellung, wie es sich anfühlt, bereits dort angekommen zu sein, sind wir bereit, auch den Weg dahin in Kauf zu nehmen, ganz gleich, ob er mühsam ist oder nicht. Wir sind bereit, dreimal umzusteigen, in der sengenden Hitze nach der richtigen Abzweigung zu fragen oder uns im Vorfeld Wissen anzueignen, das wir brauchen, um uns in ferne Welten vorzutrauen.

Alle Interviewpartner im Buch hatten große Visionen und wussten, wie es am Ort ihrer Träume aussieht: Manuel Lojo sah sich zum Beispiel immer auf einer großen Bühne bei Rock am Ring stehen. Calvin Hollywood hielt sein Ziel sogar als Video mit der Kamera für seine Kinder fest.

Ich nutze für die Reise zum Ort meiner Träume einen einfachen Hack: Ich stell mir einmal am Tag vor, wie es sich anfühlt, bereits dort angekommen zu sein: Herzklopfen und ein aufgeregtes Lampenfieber, wenn ich auf den Bühnen in New York performe. Ein Hochgefühl des „Ich hab's geschafft", wenn ich als Autorin mein fertiges Buch im Buchhandel entdecke. Tränen der Rührung, die mir beim Wiedersehen eines lang vermissten Freundes übers Gesicht laufen. Und in diesen Momenten passiert etwas Wunderbares: Ich bin durch meine Vorfreude so motiviert, dass ich oft den fetten Edding nehme und meine Ziele gleich noch einmal verdopple. Vielleicht verdoppelt sich damit auch das gute Gefühl, wenn ich am Ort meiner Träume und Visionen angekommen bin?

Eins steht jedenfalls fest: **Wenn dein Herz und dein Verstand jeden Tag die Zukunft trifft, dann findest du auch Wege, genau dort anzukommen, ganz gleich, ob du Economy- oder First Class fliegst.**

> Wie sieht es am Ort deiner Träume und Ziele aus?

#Hack 4: Tu das, was dich glücklich macht

Ich gebe es ganz offen zu: Ich gehe manchmal nur in chinesische Restaurants, um nach dem Essen mit voller Vorfreude auf den Glückskeks zu warten. **Ich liebe Glückskekse und ich glaube an die Magie der darin enthaltenen Keks-Weisheiten.**

Nun gut, einige sind sicherlich für jeden zutreffend, andere sind lustig, weil sie schlecht übersetzt wurden. Doch eins haben sie alle gleich: Sie sind so simpel, dass jeder sie verstehen kann. Zu Recht könntest du jetzt fragen: „Ein Glückskeks soll dir eine Lebensweisheit verraten? Ernsthaft?" Und hier muss ich mit einem entschiedenen „Vielleicht" antworten. Mal unter uns, es geht doch gar nicht um die Botschaft im Keks. Obwohl der Spruch in meinem letzten Glückskeks so gut war, dass ich ihn aufbewahrt habe. Er lautete: „Das Glück, das du suchst, steckt in einem anderen Keks." Worum es wirklich geht, ist doch genau der Moment, in dem man sich mal wieder fragt: **Was macht mich eigentlich glücklich?**

Viele Menschen wissen nicht, was sie glücklich macht. Sie suchen das Glück im Außen und nicht im Innen. Sie tun Dinge, die sie schon immer getan haben, ohne zu hinterfragen, ob sie davon erfüllt sind. Sie arbeiten in einem Job, der sie unglücklich macht, weil sie es eben einmal gelernt oder studiert haben. Sie sind in einer Beziehung gefangen, obwohl sie sich nicht daran erinnern können, wann sie das letzte Mal mit ihrem Partner bzw. ihrer Partnerin gelacht haben.

Einmal falsch abgebogen und das war's dann? Wohl kaum. Sobald wir uns wieder bewusst damit auseinandersetzen, was uns erfüllt und wie wir abends den Kopf glücklich auf unser Kissen betten können, dann klopft das Glück auch wieder an unsere Tür. **Glück ist kein Zufall, sondern eine bewusste Entscheidung.** Das Positive an dieser Erkenntnis ist: Wir alle können uns in jeder Sekunde unseres Lebens selbst dazu entscheiden, ob wir glücklich sein wollen oder auch nicht.

Wenn du in einer Sache richtig gut sein willst und das Allerbeste aus dir herausholen möchtest, gibt es ein ganz einfaches Erfolgsrezept, was auch Anja Kallenbach in ihrem Interview so wunderbar wiedergegeben hat: **„Tu das, was dich glücklich macht. Und davon möglichst viel!"**

Natürlich gibt es auch unglückliche Momente im Leben, natürlich gibt es miese Tage, an denen man sich mal wie ein Wurm fühlt – die gehören einfach dazu. Doch dann hilft vielleicht die Weisheit eines weiteren Glückskeks, die da lautet: **Streu ein bisschen Glitter drüber!**

> Weißt du, wofür dein Herz schlägt, wovon du strahlende Augen bekommst und was dir ein glückliches Lächeln ins Gesicht zaubert?

#Hack 5: Triff stetig neue Entscheidungen und lerne es, nein zu sagen

Entscheidungen zu treffen, heißt ja oder nein sagen zu können. Noch nie hat uns das Leben soviele Möglichkeiten geboten wie heutzutage. Doch vielen Menschen fällt es schwer, aus der Vielzahl an Alternativen die richtige zu wählen. Viele Menschen wissen schlichtweg einfach nicht, was sie selbst wollen oder was ihr Bedürfnis ist. Es gibt oft zu viele Optionen, zu viele Menschen, die man vor den Kopf stoßen könnte, zu viel Angst, die falsche Entscheidung zu treffen. Das Gute an Entscheidungen ist, „Du kannst, egal, wo du gerade stehst, immer wieder neu entscheiden", so Harsha Gramminger in Ihrem Interview. Doch oft zögern wir eine Entscheidungen zu lang hinaus, obwohl es bewiesen ist, dass wir bereits nach 30 % der eingesetzten Zeit die situativ bestmögliche Entscheidung getroffen haben (Christian/Griffiths 2020, S. 298)[1]. D. h. wenn du eine Woche lang von Montag bis Sonntag über eine Entscheidung nachdenkst, hast du bereits innerlich am Dienstag die für dich richtig Alternative gewählt! Warum also zu viel Zeit verlieren? Sich nicht zu entscheiden, ist allerdings auch eine Entscheidung. Es besteht die Gefahr, dass man einfach überrollt wird, weil sich andere berufen fühlen, über den eigenen Kopf hinweg zu entscheiden.

---

[1] Brian Christian, Tom Griffiths (2020): Algorithmen für den Alltag: Die Wissenschaft der perfekten Entscheidung, riva Verlag ein imprint der Münchner Verlagsgruppe GmbH.

Natürlich bin ich auch ab und an in der Vielfalt der Möglichkeiten gefangen. Und dann nutze ich einen ganz schnöden Taschenspielertrick. **Ich werfe eine Münze.** Vollkommen simpel und einfach, wenn man Bargeld im Portemonnaie hat. Wenn mir allerdings nicht gefällt, auf welcher Seite die Münze gelandet ist, dann weiß ich innerhalb von wenigen Sekunden, was ich will.

Lena Jüngst ist eine Unternehmerin, die sich gern konkret entscheidet: „Am besten ist, du entscheidest dich wirklich ganz radikal für einen Weg." Und darin liegt eine große Stärke. Den meisten Menschen fällt es allerdings leichter, zu wissen, was sie nicht wollen. **Über den kleinen Umweg „Was will ich nicht?" kommst du schnell auf den richtigen Weg „Was will ich wirklich?"** Und damit kannst du zu Dingen und Projekten schon einmal nein sagen, die nicht dazugehören.

Wusstest du, dass wir fünfmal häufiger ja als nein sagen? Damit entscheiden wir uns zwar, aber nicht immer für die Option, die uns am nächsten liegt. Das Leben eines Ja-Sagers ist zwischenmenschlich auch deutlich einfacher. Ich nutze gern die Möglichkeit, nein zu sagen, denn das schafft Freiheit, mich für die Dinge zu entscheiden, die ich wirklich will. Manchmal mache ich mir noch nicht einmal die Mühe, das Nein zu begründen, denn dann rede ich mich oft um Kopf und Kragen. Nein ist für mich ein vollständiger Satz. Er braucht weder Erklärung noch Rechtfertigung.

Du darfst freundlich sein, ein großes Herz haben und dir selbst die Erlaubnis geben, nein zu sagen. Wenn du strauchelst und dich oftmals für das Falsche entscheidest, aus Angst nein zu sagen, dann erinnere dich gern daran: Im richtigen Moment ist ein Nein zu Anderen, ein Ja zu dir selbst.

> Gibt es Lebensbereiche, in denen du Entscheidungen vor dir herschiebst und weder ja noch nein sagen kannst?

#Hack 6: Nutze deine mentale Stärke und halte die Motivation hoch

Der Weltmeister Tony Martin hat in seiner erfolgreichen Sportlerkarriere gezeigt, wie wichtig mentale Stärke und Motivation sind, um eine Top-Performance hinzulegen: „Wenn der Kopf nicht mitspielt, kannst du eine Weltklasse-Form haben, aber dann wirst du höchstwahrscheinlich nicht gewinnen." Was im Umkehrschluss bedeutet: Wenn du an dich glaubst und daran, dass du es schaffen kannst, hast du eine wahre Wunderwaffe für deine Performance.

„**Ich schaffe alles, was ich mir vornehme.**" – Das ist einer meiner mentalen Trigger, mit denen ich zu Bestleitung auflaufe. Ein positives Mind-Set und positive Glaubenssätze bewirken positives Verhalten und positive Ergebnisse. Negative Glaubenssätze führen zum Gegenteil. Die Frage ist nur: Wovon willst du mehr haben? „Glaub' nicht alles, was Du denkst", wäre hier ein hilfreiches Motto, wenn du in negativen Gedankenspiralen festhängst. Wie lautet dein Glaubenssatz, mit dem du jede Extrameile gehst? Noch ein wichtiger Tipp: Der beste Glaubenssatz wird genau dann wirksam, wenn du ihn nicht nur im Kopf hast, sondern dich auch emotional damit verbindest (siehe #Hack 3). Vom Kopf zum Herzen sind es nur 30 Zentimeter. Doch genau diesen Weg dürfen wir gehen, damit unser Glaube etwas Gutes bewirkt.

Wir alle wissen aber, dass der Glaube allein noch lang keine Berge versetzt. Wir müssen dauerhaft dranbleiben und da kommt unsere Motivation ins Spiel. Auch wenn wir wissen, wo wir hinwollen und warum wir dieses Ziel haben, springt der Funke nicht in jeder Sekunde über. Wir fühlen uns in einigen Momenten antriebslos. Wie schaffen wir es aber, unsere Sinne vollständig auf die Erreichung eines Ziels auszurichten und dafür Einiges zu tun? Vielleicht kennst du das: Der Wecker klingelt und du hast keine Motivation aufzustehen. Doch das ist Geschichte, denn ich verrate dir jetzt mein Geheimnis, um mit Elan aus den Federn zu kommen und motiviert den Tag zu gestalten. Das ist der Bettkanten-Hack: Ich setze mich morgens auf meine Bettkante. Nun habe ich zwei Möglichkeiten: Ich kann mich nach hinten fallen lassen und weiterschlafen oder ich stehe auf. Und dafür stelle ich mir selbst die Frage: Wofür stehe ich heute auf? Dabei verbinde ich mich mit meiner Vorfreude, meinen Ziele und meinen gewünschten Gefühlen: Auf meiner Bettkante überlege ich mir zunächst drei Dinge, auf die ich mich freue. Vorfreude ist etwas Wunderbares, denn sie wirkt wie eine attraktive Belohnung. Danach denke ich an drei Ziele, die ich vorantreiben will. Natürlich hat jeder von uns viel auf dem To-Do Zettel stehen, doch hier geht es um deine persönlichen Ziele, mit denen du dich jeden Morgen verbinden darfst. Und zu guter Letzt lade ich mir drei Emotionen ein, die ich heute fühlen möchte, somit bekommt mein Tag wieder Magie. **Mit einem Ziel, klarem Verstand und Vorfreude erübrigt sich die Frage: Mach ich heute mit?** Dann gibt es kein Schimpfen und Jammern mehr, denn ich weiß, wofür ich angetreten bin. Und damit folgen mir meine Beine über den Bettvorleger und der Tag läuft nach dem Motto „Hola, die Waldfee!"

> Wie hältst du deine Leistungsbereitschaft hoch?

#Hack 7: Habe inspirierende Vorbilder und finde deinen eigenen Stil

Unser Leben wird tagtäglich von einer gigantischen Informationsflut bestimmt. Es erreichen uns Nachrichten aus der ganzen Welt und diese sind oft negativ behaftet. Das ist unsere Realität. Und dann gibt es noch eine Art Parallelwelt, das ist die schillernde, glanzvolle Welt der Idole, der Superstars, der Weltklasseperformer. Viele von uns verehren sie, favorisieren bestimmte Promis, eifern ihnen nach und machen sie zu ihren unangefochtenen Vorbildern. Was würde manch einer von uns nicht alles tun, um so zu sein wie die Stars, Sternchen und die ganz Großen dieser Welt?!

Es gibt viel, was an einem Vorbild faszinieren kann: Worte, Taten, Erfolge. **Vorbilder beflügeln uns, ihrem Beispiel zu folgen.** Sie verkörpern bestimmte Qualitäten, die wir bewundern, die wir selbst gerne hätten und stärken würden. Sie inspirieren uns, unsere eigenen Leistungen zu verbessern. Eines meiner Vorbilder ist der weltweit bekannteste High-Performance Coach Brendon Burchard. Ich liebe seine Bücher, seine Events, seine Art, Wissen zu vermitteln. **Ich eifere ihm nach, ohne ihn zu kopieren bzw. meine Einzigartigkeit zu verlieren, denn in ihr liegt mein besonderer Reiz und meine Individualität.** Julia Komp hat es in ihrem Interview schön auf den Punkt gebracht, wie wichtig es ist, Vorbilder zu haben, aber den eigenen Stil zu finden.

„Wenn man irgendwas als Erster machen will, so ernsthaft als Erster, als Pionier, kann es keine Vorbilder geben." so Nicola Winter in ihrem Interview. **Vielleicht werden wir genau in diesen Momenten selbst ein Vorbild für den ein oder anderen Menschen in unserem Umfeld?** Wenn wir wissen, dass wir Orientierungshilfen sind, spornt uns das zu Bestleistung an. In einer Zeit, in der viel Unsicherheit herrscht, in der es wenig Stabilität gibt, braucht die Welt gute Vorbilder dringender denn je: Und auch du kannst ein Role Model sein.

Folge mir, ich geh dir nach! **Die Menschen suchen Orientierung, ganz gleich, ob es deine Kinder, die Nachbarn, Teamkollegen oder deine Freunde sind.** Deshalb richte deine Aufmerksamkeit einmal bewusst auf das Verhalten, das du gerade zeigst. Hilft es dir in der jetzigen Situation? Inspiriert es andere? Wie möchtest du gern als Vorbild sein: Vielleicht möchtest du eine starke Führungskraft sein, vielleicht eine gelassene Mama. Vielleicht möchtest du grenzenlosen Optimismus versprühen. Vielleicht möchtest du viel Kraft und Energie haben?

Es gibt selbstverständlich auch Momente, in denen mein Verhalten alles andere als vorbildlich ist. Das sind die Momente, in denen ich fluchend am Bücherregal stehe, weil mir ein Buch auf den Fußrücken gefallen ist. Momente, in denen ich nicht widerstehen kann, die vierte Portion Salted-Caramel-Eiscreme aus dem Tiefkühlfach hole und im Zuckerrausch verspeise. Momente, in denen ich völlig genervt im Supermarkt anstehe und schroff frage, wann denn endlich eine zweite Kasse geöffnet wird. Doch auch in diesen Momenten versuche ich mich daran zu erinnern: Mein Verhalten ist nicht völlig unbrauchbar, es kann wenigstens als schlechtes Vorbild dienen.

> Wer ist dein Vorbild und was kannst du von diesem Menschen lernen?

#Hack 8: Sorge für viel Kraft und Energie

Kraft und Energie zu haben, ist eine meiner absoluten Lieblings-High-Performance-Tugenden. Und es kann so einfach sein, die Energiebombe zu zünden. Bijan Kaffenberger hat uns in seinem Interview schon einen wunderbaren Trick verraten: **Ausreichend guter Schlaf kann ein echter Performance Booster sein.** Und Schlaf ist eine Ressource, die gleichverteilt ist und nichts kostet!

Ich weiß, was es bedeutet, mit wenig Schlaf auskommen zu müssen. Und wenn du zu den glücklichen Menschen mit Kindern gehörst, weißt du es bestimmt auch. Während scheinbar alle Eltern in meinem Umfeld Kinder hatten, die acht Stunden durchschliefen, entschieden sich meine Töchter dafür, nachts Party zu machen. Der einzige Nachteil: Ich musste dabei das Konfetti werfen. Und das Verrückte war, wenn ich dann ins Bett ging und alle schliefen, lag ich wach wie eine Eule in der Nacht: „Ha, nix mit Schlafengehen", brüllte mein verkorkster Schlafrhythmus, drehte die Musik lauter und warf eine extra Runde Glitter auf die Tanzfläche. Das Problem ist jedoch: **Wenn du länger als 19 Stunden am Stück wach bist, gleicht deine kognitive Leistungsfähigkeit der eines Menschen, der zwei Bier auf drei Pina Colada getrunken hat.**

Wie wichtig guter Schlaf ist, zeigen spannende Studien u. a. von Matthew Walker, dem Schlafexperten aus den USA: Wenn du nicht ausreichend schläfst, sinkt deine Fruchtbarkeit. Leute die notorisch unter Schlafmangel leiden, haben oft dramatische Stimmungsschwankungen und leiden unter emotionalen Tiefs. Menschen, die zu wenig Schlaf bekommen, erhöhen die Wahrscheinlichkeit, Körpergewicht und Fülle zuzulegen, denn müde Menschen nehmen pro Tag im Schnitt 300 extra Kalorien zu sich. Rechnen wir das mal hoch, heißt das fünf bis sieben Kilogramm Körpergewicht mehr pro Jahr! **Angestellte, die hingegen eine Stunde länger schlafen als ihre Kollegen, verdienen im Schnitt 5 Prozent mehr Gehalt.** Wenn das kein starkes Argument ist, lang und ausgiebig im Bett zu bleiben. **Gib deine Träume nicht auf. Schlaf weiter!**

> Sorgst du tagtäglich für ausreichend Kraft und Energie?

#Hack 9: Stell dich deinen Ängsten

Besser als Titus Dittmann kann man es nicht zusammenfassen: „Angst ist die größte Handbremse im Leben. Und die nervt, die nervt eigentlich jeden." **Wir leben in unserem Alltag mehr oder minder gut mit unseren Ängsten und merken manchmal gar nicht, dass wir ängstlich sind.** Hier nur ein paar Beispiele: Ein Großteil der Deutschen schließt nach wie vor eine Lebensversicherung ab. Wir haben Angst davor, eine Diät zu machen und mit dem Rauchen aufzuhören. Nicht zu vergessen, unsere Angst vor Spinnen oder Hunden. Wir schauen am Tag mehr als 80 Mal auf unser Smartphone, immer in der Befürchtung, etwas Wichtiges verpassen zu können.

Ziehen wir die Angst magisch an? Wahrscheinlich kaum. Mit diesen Aufzählungen wird einfach nur offensichtlich, wie uns Angst ganz alltäglich und unbewusst in unserem Leben begleitet, auch wenn wir nicht mit dem Fallschirm aus einem Flugzeug springen. Und das ist gut so, denn nur wer in der Evolution aus Angst vorm Säbelzahntiger auf den Baum kletterte, konnte überleben. **Angst ist ein Geschenk der Natur. Sie ist die Alarmanlage unseres Körpers, die uns vor Gefahren warnt. Doch ein Übermaß an Angst lähmt uns, mutig voranzuschreiten und das Allerbeste aus uns herauszuholen.**

Es gibt die unterschiedlichsten Arten, mit Ängsten umzugehen. **Eine Variante, der Angst kognitiv zu begegnen ist es, sie in ihre drei Bestandteile zu zerlegen.** Denn genau genommen haben wir bei einem neuen Vorhaben Angst vor dem Verlust, Angst vor dem Prozess und Angst vor dem Ergebnis. Die Angst vor dem Verlust beschreibt die Sorge, dass du bei deinem Vorhaben, etwas Wichtiges verlieren könntest, z. B. deine Reputation, einen geliebten Menschen oder schlichtweg dein Vermögen. Die Angst vor dem Prozess ist die Befürchtung, dass es viel

Kraft kosten könnte, dein Ziel zu erreichen. Und die Angst vor dem Ergebnis beschreibt die Sorge, dass Du viele Mühen auf dich nimmst, jedoch am Ende nicht besser dastehen könntest, als zuvor. Es lohnt sich hier, sehr genau hinzuschauen, um dir selbst auf die Schliche zu kommen und eine passende Lösung zu finden, die dir Sicherheit gibt.

Ich habe wie jeder Mensch natürlich auch Ängste. Ich bezeichne sie aber nicht so. Ich fühle mich dann nicht ängstlich, vielmehr nehme ich gern das Drama raus und bin in solchen Momenten einfach nur „vermindert entspannt". Ich verrate dir gern einen simplen Hack, der mir hilft, mit Angst umzugehen: In Situationen, in denen ich auf der Bühne stehe und Lampenfieber habe, nutze ich diesen kleinen Trick.

Mein Geheimnis ist der Tesastreifen über dem Bauchnabel. Ja, du hast richtig gelesen. Ich klebe mir eine Stück Tesa über den Bauchnabel. Klingt schräg, ist es auch, aber es funktioniert. Wenn wir Angst haben, atmen wir nicht tief sondern flach. Der Tesastreifen ist jedoch wie ein gelbes Post-it in der Küche, was uns an etwas Wichtiges erinnern soll. Ich nehme ihn bei der kleinsten Bewegung wahr, denn er reibt an dem Kleidungsstück, das ich trage. Sobald ich das spüre, weiß ich: Tief ATMEN! Und das bedeutet: Entspannen, Angst reduzieren und dann heißt es: ACTION! Probier es gern einmal mit einem Schmunzeln auf deinem Gesicht aus. Das Gute daran: Kein Mensch ahnt auch nur ansatzweise, dass du aus Angst in deinen Tesastreifen atmest.

> Bist du bereit, dich deinen Ängsten zu stellen?

Hack 10: Scheitern ist erlaubt

Scheitern ist nicht das Gegenteil von Erfolg, es ist ein Teil davon. Alle Interviewgäste, denen ich die Frage stellte, ob Scheitern erlaubt ist, antworteten mit einem entschiedenen Ja! Zeigt es doch nur, dass wir uns auf dem Weg zu unserem Ziel befinden und den Mut haben, etwas zu wagen.

Du bist gescheitert? Herzlichen Glückwunsch, das heißt, du hast es versucht! Zum Mut gehört immer das Risiko des Scheiterns: Das

Scheitern einer Unternehmensidee, das Scheitern eines Projekts oder eines Vorhabens, das Scheitern einer Beziehung. Das Gute daran ist, es gibt uns die Möglichkeit zu lernen und es beim nächsten Mal besser zu machen. Bei kleinen Kindern gehört das Hinfallen zum Laufenlernen dazu. Wir Erwachsenen scheinen das manchmal leider zu vergessen. Oft lernen wir im Scheitern am meisten. Denn all die F-E-H-L-E-R, die wir machen, sind ganz wunderbare H-E-L-F-E-R, allein schon, wenn man die Buchstaben umstellt. Sie sind der Beweis dafür, dass wir etwas neues Lernen. Welche neuen Erkenntnisse haben wir gewonnen? Und was dürfen wir beim nächsten Mal besser machen?

Die meisten von uns haben keine Angst vorm Scheitern. Sie haben vielmehr Angst davor, dass ihnen jemand dabei zusieht. Die antizipierte Schmach und Scham im Außen verhindert vielmals, dass wir es überhaupt wagen zu springen. Stell Dir mal eine Distanz von 10 Metern vor. Die dürfte doch schnell und mühelos zu überwinden sein? 10 Meter Fußweg schaffe ich gemütlich in 8 Sekunden, gelaufen, gehüpft oder gesprungen. Wenn es sich allerdings um 10 Meter in der Vertikalen handelt, sieht das ganz anders aus. Ich liebe es zu springen, doch maximal vom Fünf-Meter-Turm im Freibad. An einem besonders schönen Sommertag entschloss ich mich, schwimmen zu gehen, mit dem mutigen Vorhaben, heute vom Zehn-Meter-Turm zu springen. Ich war besonders zeitig im Freibad, denn so war der Sprungturm komplett leer, d. h. keine mutigen Wasserratten, keine Zuschauer. Denn nichts wäre für mich peinlicher gewesen, als die Leiter vom Zehn-Meter-Turm unter den Augen eines spöttisch lachenden Publikums zurück zu klettern. Doch als ich auf dem Turm stand, gefiel mir die Aussicht nach oben sehr gut, nach unten allerdings nicht. Es war eindeutig zu hoch für mich! Mein Kopfkino setzte ein. Ich verstrickte mich in den abertausenden Varianten des potenziellen Scheiterns: Was wenn ich komisch aufkomme, zu tief untertauche oder keine Luft mehr bekomme? Ich hörte Fußtapsen hinter mir, ein Räuspern, gefolgt von der Frage: „Entschuldigung, springen Sie jetzt oder doch nicht?!" Ich überließ dem zehnjährigen Jungen hinter mir den Vortritt, kletterte die Leiter wieder runter, bevor ich leise pfeifend das Freibad verließ. Mein Gedanke im Kopf: **„Das nächste Mal schaff ich es!" Verlierer hören auf, wenn sie scheitern – Gewinner scheitern, bis sie Erfolg haben.**

> Bist du bereit, bei deinem Vorhaben zu scheitern?

Literatur

Christian B, Griffiths T (2020) Algorithmen für den Alltag: die Wissenschaft der perfekten Entscheidung. riva Verlag einimprint der Münchner Verlagsgruppe GmbH, Munich

GPSR Compliance

The European Union's (EU) General Product Safety Regulation (GPSR) is a set of rules that requires consumer products to be safe and our obligations to ensure this.

If you have any concerns about our products, you can contact us on

ProductSafety@springernature.com

In case Publisher is established outside the EU, the EU authorized representative is:

Springer Nature Customer Service Center GmbH
Europaplatz 3
69115 Heidelberg, Germany

www.ingramcontent.com/pod-product-compliance
Lightning Source LLC
LaVergne TN
LVHW020344260326
834688LV00045B/1528

High-Performance: Erfolg ist, was du aus dir machst